RICK BERG

Viel Welt für wenig Geld

Der Reiseführer ins Abenteuer

ABENTEUER-REPORT

Inhalt

Titel der amerikanischen Originalausgabe
THE ART AND ADVENTURE OF TRAVELING CHEAPLY
© 1979 Rick Berg
erschienen bei And/Or Press, Berkeley/Kalifornien USA
Übersetzung: Hans-Jürgen Jendral
Titelgestaltung: Ebba Feistkorn
Titelfotos: Klaus Landes (links-oben)
und Günther Ziesler (rechts unten)
Titelkarten: Ausschnitt aus Antihydro-Wandkarte Erde
© Karl Wenschow GmbH, München
Illustration: Herbert Horn
Karten: Phil Gardner
Lektorat: Sibylle Tietz
Bestellnummer: 7345
Deutsche Ausgabe: © 1982 Franz Schneider Verlag GmbH & Co. KG
München – Wien – Hollywood/Florida USA
ISBN 3 505 07345 8

Mit Dankbarkeit all jenen gewidmet, die mir Gastlichkeit und Freundschaft boten. Gewidmet auch einem Franzosen, dessen Namen ich nie erfuhr und den ich jetzt besser verstehe. Und Kay Holekamp in Liebe gewidmet.

Reisen als Abenteuer

Und mittags:

Papageienfisch, Papayas und Kokosmilch

Ich schreibe diese Zeilen im Schatten einer Palme an einem einsamen Strand auf Bali. Der Wind weht sanft. Er vertreibt die Hitze, jagt mir aber keinen Sand ins Gesicht. Jetzt, nach einem Mittagessen, bestehend aus

Papayas, wilden Beeren und einem Papageienfisch, den ich mit dem Speer gefangen habe, und nach einem kräftigen Schluck kühler Kokosmilch, bin ich mit mir und der ganzen Welt vollauf zufrieden.

Das war nicht immer so. Früher lebte ich in New Jersey (USA).

Wer ich bin? Eigentlich ein ganz durchschnittlicher Mensch. Mit einem Unterschied: Ich habe mich dafür entschieden, die Wirklichkeit zu ignorieren und meine Träume zu realisieren.

Nach dem Examen an einem kleinen College in Neuengland verschob ich erst mal meinen Eintritt ins Berufsleben mit der täglichen Schufterei von acht bis fünf. Um das sogenannte gutbürgerliche Leben machte ich einen ordentlichen Bogen, verließ New Jersey und reiste in der Welt herum. Mit diesem einfachen Schritt fand ich Zugang zu einer ganz anderen Wirklichkeit.

Seitdem bin ich beim Morgengrauen auf einen noch aktiven Vulkan geklettert, bin zwischen Korallenriffen getaucht und habe viele Monate in nebelverhangenen Bergdörfern weit weg von jeder Zivilisation verbracht. Ich bin allein im Kanu Tausende von Meilen den Amazonas hinuntergepaddelt, habe dabei zeitweise mit Indianern gelebt, die mir beibrachten, wie man mit dem Blasrohr jagt und wie man Alligatoren mit bloßen Händen fängt. Ich habe die Löwen in der Serengeti-Steppe beobachtet, Opferfeiern mit Tieren in Afrika erlebt und Feuerbestattungen und Beerdigungen in den Klippen von Indonesien gesehen.

Ich habe auch viele andere Abenteuer-Reisende getroffen, deren Erlebnisse und Erfahrungen mindestens so aufregend und vielfältig waren wie meine eigenen. Ganz ordentliche Leute, deren größte Aufregung früher darin bestand, rechtzeitig ihren Zahlungsverpflichtungen nachzukommen, haben die Annehmlichkeiten ihres bürgerlichen Lebens hinter sich gelassen und sich auf abenteuerliche Reisen begeben. Menschen, die früher nicht einmal im Traum daran gedacht haben, so zu reisen, wanderten plötzlich 300 Kilometer zum Fuße des Mount Everest, durchquerten auf wackeligen Flößen rasende Stromschnellen und überstanden Sandstürme in einsamen Oasen der Sahara. Leute aus New York, für die ein Wochenende in den Poconos seinerzeit schon der Gipfel der Gefühle war, wanderten zum Tadsch Mahal, nach Ägypten zu den Pyramiden oder zum Machu Picchú. Menschen aus San Francisco, die früher nur Boogie-Woogie in Bars und Discos tanzten, drehten sich zu Sambaklängen in den Straßen von Rio, tranken einheimischen Schnaps in Singapur und lauschten dem Reggae in Jamaika. Hartgesottene Burschen ließen Rock-Konzerte links liegen und zogen sich in die Einsamkeit buddhistischer Klöster zurück.

Unvergeßliche Erlebnisse kosten durchaus kein kleines Vermögen. Ich verließ die USA mit 3000 Dollar. Jetzt, nach fünf Jahren, habe ich immer noch ungefähr 1900 Dollar übrig. Das kann noch zwei Jahre reichen, vielleicht auch zehn Jahre oder mehr.

Wenn man so billig leben will, muß man natürlich während der Reisen etwas dazuverdienen. Das ist interessant, und man lernt viel dazu. Irgendeinen Job kann man immer finden, dafür braucht man oft nur geringe oder gar keine Vorkenntnisse. Oder man setzt seine Kenntnisse entsprechend ein, zum Beispiel als Dolmetscher oder Handwerker.

Beim Trampen und Reisen trifft man die interessantesten Leute der Welt, nämlich andere Abenteuer-Reisende. Menschen, die in der ganzen Welt herumgekommen sind und dabei die verschiedenartigsten Erfahrungen gemacht haben, sind ganz besondere Typen. Oft sind es meisterhafte Geschichtenerzähler, deren Selbstsicherheit darauf beruht, daß sie jederzeit und überall aus eigener Kraft mit Schwierigkeiten und Problemen fertig werden.

Das Reisen bringt einen dazu, die Dinge objektiv zu sehen. Man erkennt rechtzeitig die vielen Fallen, in die man geraten kann und erwirbt die Fähigkeiten, diesen Fallen auszuweichen. Man denkt über Vorgänge nach, die man früher gar nicht bemerkt hat. Man stellt Verhaltensweisen und Normen in Frage, die man einst als gottgegeben hingenommen hat. Man erkennt, daß Menschen mit Problemen ganz gut fertig werden können, die früher unlösbar zu sein schienen. Man begreift, daß man auch ohne jene Besitztümer glücklich leben kann, die man früher als unentbehrlich betrachtet hatte.

Schon eine kurze Zeit der „Wanderschaft" lehrt einen Dinge, die man wirklich brauchen kann, ganz gleich, was man später tut. Beim Reisen mit leichtem Gepäck erkennt man den Unterschied zwischen dem, was im Leben notwendig ist und was eine drückende Last sein kann. Wenn man lernt, strohgedeckte Hütten zu bauen, selbst Kanus herzustellen und sich an alle geographischen Gegebenheiten – von der Wüste über den Dschungel bis zur Großstadt – anzupassen, wird man unabhängig und gewinnt Selbstvertrauen.

Aber vor allem lernt man dabei die wirklich feine Kunst des Reisens, eine Kunst, die beinahe schon in den Hiltons und Sheratons dieser Welt verlorengegangen ist. Es ist eine Kunst, die Geduld verlangt, Beobachtungsgabe, den Willen, sich anzupassen, und die Fähigkeit, über sich selbst zu lachen. Diese Kunst ist es, von der dieses Buch handelt.

Außerdem erfährt man hier, wie man mit den Schwierigkeiten an den Grenzen fertig wird, wie man überall Jobs findet, wie man umsonst mit Frachtflugzeugen fliegt, wie man sich in fremden Sprachen zurechtfindet und wie man vermeidet, übervorteilt oder bestohlen zu werden oder zu erkranken. Es ist also kein Reiseführer für ganz bestimmte Städte oder Länder, sondern eine Zusammenstellung von allgemeinen Hinweisen. Die Namen von einsamen Badebuchten in Afrika, von tropischen Lagunen in der Südsee oder von Wasserfällen in Neuseeland wirst du hier vergebens suchen. Diese Schönheiten mußt du schon selber entdecken. Meine Absicht ist es, dir zu helfen, dir zu sagen, wie und wo du beim Reisen aufpassen mußt, damit du nicht in jene Fallgruben gerätst, die den unerfahrenen „Wanderer" zur Verzweiflung bringen können.

In diesem Buch wird nicht Land für Land abgehakt. Ich beschreibe auch nicht, was man sehen und kaufen sollte, und bringe keine Liste mit Hotels und Restaurants, in denen es von Touristen nur so wimmelt.

Tips, wie man Übernachtungsmöglichkeiten findet, sind jedoch immer wertvoll, besonders dort, wo es keine Hotels gibt. Eine Liste von Restaurants mag in

Paris ganz nützlich sein. Was soll man aber damit, wenn man in so aufregende und abgelegene Gegenden reist wie zu den Yap-Inseln?

Die besondere Betonung in diesem Buch liegt auf den Ländern der Dritten Welt. Wenn du in Philadelphia oder München zurechtkommst, schaffst du das auch in Sydney oder Paris. Aber wenn du die Inselwelt von Indonesien kennenlernen willst, brauchst du dazu schon einige andere Fähigkeiten. Die meiner Ansicht nach interessantesten Orte sind naturgemäß noch ziemlich unbekannt und unerschlossen und fordern deswegen dem Reisenden mehr ab. Ich habe dieses Buch also für Abenteuer-Reisende geschrieben, für Individualisten, die das Leben unmittelbar kennenlernen wollen und die sich ein Gefühl für Abenteuer bewahrt haben.

Als ich einmal per Anhalter in Südgriechenland unterwegs war, nahm mich ein junger Franzose in seinem Wohnwagen mit. Er fuhr zu einem abgelegenen Dorf auf einer winzigen griechischen Insel. Diesen Ort beschrieb er mir als wahres Paradies: viel gutes Essen, sauberes Wasser, Reiten auf Pferden ohne Sattel am Strand, keine Touristen, keine Kleidung, keine Formalitäten. Als ich ihn fragte, wo denn diese Insel liege, antwortete er: „Wenn ich dir das sagen würde, wäre es ja kein Geheimnis mehr." Dieses Buch ist auch jenem unbekannten Reisenden gewidmet, dessen verstecktes Paradies ich nie entdeckte. Aber das macht nichts, ich habe selbst genügend solche Paradiese gefunden. Und das wird dir auch gelingen.

In unseren westlichen Großstädten hört man die

Leute oft klagen: „Wenn ich mein Leben noch einmal leben könnte, würde ich vor allem viel reisen." Das Traurige dabei ist, daß diese Leute meist höchstens zwanzig oder dreißig Jahre alt sind. Generaldirektor kann man immer noch werden. Wenn du reisen willst, dann tu es jetzt!

Hat man die wahre Kunst des Reisens begriffen, ist das Leben „auf der Straße" nahezu frei von allen Formalitäten und Verpflichtungen. Es gibt keine beruflichen Sorgen, keine Termine, keine Versprechungen und keine Zwänge, über die man sich ärgern muß. Am Morgen stehst du auf, wann du willst, und du tust, was dir gefällt.

Spaß haben und etwas dazulernen, das sind die Hauptsachen beim Reisen. Höre nicht auf unzufriedene Leute, die dir weismachen wollen, dies und das sei nicht zu schaffen. Manche haben eben das Vergnügen vergessen und sind von dem rein geschäftsmäßigen Reisen mit Haut und Haaren aufgefressen worden. Wenn du solche Menschen fragst, was sie von Nepal halten, werden sie 18 Namen von billigen Restaurants und 11 Namen von billigen Hotels herunterrasseln. Sie werden dir alles über Fahrpläne und Preise der Fluglinien und Busstrekken rund um Katmandu erzählen. Und noch einiges mehr von der Art.

Zum Reisen gehören zwar Bus-Fahrpläne und Grenzkontrollen, aber genauso wichtig sind die reine Freude und die totale Versenkung in eine Gefühlswelt. Reisen, das ist auch Zittern im kalten Regen beim Trampen in einer gottverlassenen Gegend, aber auch

Dahinschlendern unter den Strahlen der tropischen Sonne, die durch das Laubgewölbe der Bäume dringen. Reisen ist auch die Begegnung mit Menschen, mit denen man ein paar glückliche Stunden verbringt und die man dann nie wiedersieht. Reisen bedeutet, auf Karawanenwegen im Himalaja zu wandern, den Sonnenuntergang am Kilimandscharo zu beobachten oder auch nur einen Brief zu bekommen. Verloren und deprimiert irrst du im Straßengewirr von Kalkutta herum. Da triffst du plötzlich einen Freund, der ein Simon-und-Garfunkel-Album besitzt. Du schaust aus seinem Zimmer hinaus auf die Stadt, die dich gefangenzuhalten scheint. Aber du bist nicht eingesperrt wie viele Tausende dort draußen. Du bist frei wie ein Vogel.

Reisen bringt Glück und Verzauberung mit sich. Nirgends hast du mehr Zeit, um darüber nachzudenken, was du wirklich vom Leben erwartest und wie du es in den Griff bekommen willst. Da draußen wartet eine exotische Welt, von der du überhaupt keine Vorstellung hast, und dieses Buch möchte dir dabei helfen, die Tür dorthin aufzustoßen. Diese Paradiese, von denen du immer geträumt hast, gibt es wirklich – sie kennenzulernen, könnte dein Leben verändern. Je eher dir klar wird, daß du ohne zu reisen ein blinder Mensch in einer Welt voller Farben bist, um so besser. Dein Traum-Trip wartet schon.

Vorbereitungen

Vom Paß bis zum Reisebegleiter

Hat man sich erst einmal fest entschlossen, auf Reisen zu gehen, ist der Aufbruch überraschend schnell abgewickelt. Die folgenden Informationen sind mehr allgemeiner Art. Einzelheiten folgen in den einschlägigen Kapiteln.

Das erste, was du machen solltest, ist, eine Liste von allen jenen Dingen aufzustellen, die du unterwegs brauchst. Mit Hilfe dieser Checkliste wirst du nichts vergessen (siehe S. 33/34).

Pässe und Visa

Die Paßvorschriften sind in den einzelnen Ländern natürlich verschieden, oft ändern sie sich auch noch innerhalb kurzer Zeit. Ein gültiger Reisepaß ist auf alle Fälle unerläßlich. Verlaß dich nicht auf den Personalausweis; in viele Länder kann man nur mit dem Paß einreisen. Du bist dann auch viel beweglicher, falls du deine Reiseroute kurzfristig ändern willst. Achte darauf, daß dein Reisepaß auch noch zum Zeitpunkt deiner Rückreise (!) gültig ist. Läuft er vorher ab, sollte der Verlängerungsantrag mindestens zwei Monate vor Reiseantritt gestellt werden.

Besonders wichtig ist, daß du dich rechtzeitig erkundigst, ob du Visa benötigst. Informationen, Hinweise und Merkblätter erhältst du von den ausländischen Botschaften und Konsulaten in der Bundesrepublik, von Fremdenverkehrsbüros und Reiseunternehmen. In den meisten europäischen Ländern genügen Reisepaß *oder* Personalausweis. (Ausnahmen, die nur den Reisepaß anerkennen, bilden die meisten Ostblockstaaten.) In den außereuropäischen Ländern ist die Lage sehr unterschiedlich. Manche begnügen sich mit dem Reisepaß, manche verlangen Reisepaß und Visum, wobei nach einer gewissen Aufenthaltsdauer ein Sichtvermerk verlangt wird. Manche verlangen noch zusätzlich eine Touristenkarte, die bei der Einreise ausgestellt wird oder zu Hause bei der Botschaft beantragt werden muß. In Thailand braucht man zum Beispiel nach 14 Tagen Aufenthalt ein Visum, in Spanien und auf den Balearen nach drei Monaten, in den karibischen Ländern ebenfalls nach drei Monaten, und in Israel wird ein Visum von Personen verlangt, die vor dem Jahr 1928 geboren wurden.

Übrigens: Eine gute Idee ist es, von allen Personalpapieren getrennt aufbewahrte Fotokopien mitzunehmen, also auch vom Paß oder Personalausweis. Nützlich könnte es auch sein, ein paar neue Paßfotos in Reserve zu haben.

Für Reisedokumente also prüfen – was ist nötig: Paß, Einreisevisum, Durchreisevisum, Touristenkarte, Transitkarte? (Über Visas siehe S. 92.)

Ärztliche Untersuchung

Als nächstes laß dich von einem Arzt untersuchen. Vor allem sollte festgestellt werden, ob du an chronischen Erkrankungen leidest, die dir in fremden Ländern Schwierigkeiten bereiten könnten. Erzähle deinem Hausarzt, wohin du fährst, und laß dir alle nur denkbaren Informationen geben. Scheue keine Frage, quetsche ihn so richtig aus – später, unterwegs, geht dies längst nicht mehr so leicht vonstatten.

Du wirst auch verschiedene Impfungen brauchen. Die Impfungen werden in den gelben Internationalen Impfschein eingetragen, der überall anerkannt ist. Denk auch dran, daß manche Impfungen einen größeren Zeitraum benötigen, ehe sie wirksam sind. (Siehe auch S. 140 und Impfkalender auf S. 223.)

Geldangelegenheiten

Um deine Reise gut vorzubereiten, hast du wahrscheinlich einiges Geld auf die Seite gelegt. Du mußt keineswegs reiche Eltern haben oder gar zehn Jahre lang
knausern, um die Reisekosten aufzubringen. Leg jeden
Tag einen gewissen Betrag zurück, sagen wir mal sechs
Mark, und wenn du das ein Jahr durchhältst, hast du
schon ein hübsches Sümmchen beisammen. Unterwegs
kannst du deine Reisekasse einfach dadurch aufbessern,
daß du dir eine Arbeit suchst.

Bring vor deiner Abreise alle deine Zahlungsverpflichtungen in Ordnung. Bezahl deine Rechnungen
und hinterlasse einem Freund die Nummer deines
Bankkontos, deines Passes, deiner Traveller-Schecks
und so weiter. Du kannst mit ihm auch ein gemeinsames
Konto eröffnen oder ihm Vollmacht für dein Konto
geben, damit er Rechnungen bezahlen oder dir Geld
nachschicken lassen kann. So eine Abmachung kannst
du auch mit deiner Bank treffen.

Internationaler Führerschein

Ganz ratsam ist es, sich einen Internationalen Führerschein ausstellen zu lassen. Du erhältst ihn bei der
zuständigen Behörde deiner Heimatstadt. Erkundige
dich vor deiner Abreise (zum Beispiel bei einem Auto-
mobilclub), welche Länder den Internationalen Führerschein verlangen. In einigen Ländern brauchst du ihn
auch dann, wenn du dort ein Auto mieten willst.

Schaden kann der Besitz eines Internationalen Führerscheins nirgends. Die Kosten dafür sind nicht hoch. Vergiß aber auch nicht, deinen normalen Führerschein mitzunehmen. Oft reicht er aus, um in einem fremden Land Auto fahren zu dürfen.

Studentenausweis

Ein internationaler Studentenausweis ist sehr zu empfehlen. Von Fall zu Fall verschafft er Ermäßigungen für Bahn, Bus und Flugzeug oder auch Besichtigungen von Museen und dergleichen. Ich habe zum Beispiel in Südamerika mit dem Studentenausweis beste Erfahrungen gemacht.

Jugendherbergs-Ausweis

Wenn du auch in Jugendherbergen übernachten willst, brauchst du einen entsprechenden Ausweis. Das Deutsche Jugendherbergswerk (Mauerkircherstr. 5, 8000 München 80) mit seinen Geschäftsstellen in allen deutschen Bundesländern erteilt hier Auskünfte und stellt dir einen international gültigen Ausweis aus. Für junge Leute (bis 24 Jahre) kostet er 8,50 DM, für betagtere Semester 16,– DM. Dazu kommen die Übernachtungsgebühren. Zuständig sind auch die jeweiligen Kreisjugendringe. Rund um den Erdball gibt es derzeit 4350 Jugendherbergen, davon 580 in der Bundesrepublik. (Über die Vor- und Nachteile der Jugendherbergen siehe S. 81.)

Reisebegleiter

Die allerwichtigste Entscheidung, die vor deiner Abreise fällig ist, betrifft deine Reisebegleitung. Mit jemandem auf Reisen zu gehen, ist eine intensive persönliche Erfahrung. Zusammen zu reisen ist mehr, als einfach so zusammenzuleben. Fern von der Sicherheit und dem Schutz eines säuberlich geordneten Lebens offenbaren sich Charakterzüge, von deren Existenz du vielleicht nicht einmal geträumt hast. Freundschaften können zerbrechen, aber auch noch tiefer und herzlicher werden. Manchmal ist es vielleicht besser, alleine zu reisen. Große Reisegruppen sind schwerfällig. Das Reisen wird umständlicher, und man lernt auch viel weniger andere Menschen kennen. Ein Einzelreisender verschmilzt sozusagen mit seiner Umgebung, in der er gerade lebt. Im Gegensatz dazu bleiben die Mitglieder einer großen Reisegruppe meist nur unter sich. Andererseits haben Reisegruppen den Vorteil, daß man sich Kosten teilen und Erfahrungen austauschen kann. Man kann sich gegenseitig helfen, man kann zusammenlegen, um ein Auto oder ein Haus am Strand zu mieten. Allerdings erlebt man dann auch viel weniger, und große Reisegruppen bekommen selten etwas umsonst. Deshalb reisen viele Leute am liebsten zu zweit.

Leider unternehmen nur wenige Mädchen solche Reisen. Gerade sie treffen überall auf herzliche Gastfreundschaft. Sogar alleinreisende Mädchen kommen sehr gut zurecht, wenn sie sich vernünftig verhalten und ein paar Regeln beachten. (Siehe die Tips von Kay

Holekamp ab S. 179) Andererseits ist es für Mädchen ein leichtes, jederzeit auch einen männlichen Reisebegleiter zu finden.

Paare, also Mann und Frau, werden eigentlich überall respektiert und freundlich aufgenommen. Für sie gibt es kaum Probleme am Empfang eines Hotels, und wenn, dann löst sie ein Ring vollständig. Natürlich gibt es auch Ausnahmen. So bestand ein Hotelportier in Rangun (Birma) darauf, daß die Familiennamen von mir und meiner Begleiterin dieselben sein müßten, ehe er uns ein Doppelzimmer geben könnte. Unsere Proteste, daß wir gerade geheiratet und noch keine Zeit gefunden hätten, unsere Pässe ändern zu lassen, stießen auf taube Ohren. Der Portier wies darauf hin, daß die Dame ja keinen

Ring trüge. Ich sagte ihm, sie täte das aus Furcht vor Dieben. Aber es war alles vergeblich. Schließlich lösten wir das Problem, indem wir ein anderes Paar fanden und so zwei getrennte Zimmer bekamen. Allerdings wurden in der Nacht unsere Zimmer noch mal kontrolliert, und wir gerieten ganz schön in Verlegenheit.

Was nehme ich mit?

Reisen mit leichtem Gepäck

Nimm so wenig mit, wie nur irgend möglich. Das ist zweifellos der wichtigste Rat, den ich dir geben kann. Mit wenig Gepäck wirst du viel eher als Anhalter mitgenommen, und du hast es leichter in Bussen und Flugzeugen. Du bist nicht so attraktiv für trickreiche Diebe, weil du dein Gepäck nicht überall, wo du einen Halt einlegst, abstellen oder deponieren mußt. Mit leichtem Gepäck kannst du in aller Ruhe nach einer Unterkunft suchen und mußt nicht vor lauter Erschöpfung die erstbeste nehmen. Du ersparst dir viel Ärger und einiges Geld, siehst mehr von der Welt, und – das Wichtigste – du fühlst dich viel freier. Wenn dein Rucksack (oder Gepäck) prall gefüllt mehr als etwa 16 Pfund wiegt, dann ist irgend etwas falsch.

Rucksäcke

Für ein Wanderleben auf der Straße braucht man überraschend wenig. Unerläßlich ist ein derber, kräftiger

Rucksack. Rucksäcke mit starrem Traggestell sind unhandlich und teuer. Ein weicher Rucksack ist nicht nur bequem, er kann zur Not sogar als Kopfkissen herhalten. Er liegt eng am Körper an, so daß du dich ungehindert bewegen kannst. Du mußt ihn auch nicht jedesmal abnehmen, wenn du durch eine Tür gehst. Bei heißem Wetter wird dir vielleicht so mancher Schweißtropfen den Rücken herunterrinnen. Aber was soll's.

Es ist wirklich kaum zu glauben, mit wie wenig Gepäck man auskommen kann. Fast zwei Jahre lang bin ich mit zwei zusammengenähten Stoffsäcken kreuz und quer durch Südamerika gereist, und ich fand sie prima. Selbst dann, wenn du weite Strecken zu Fuß gehen willst und dafür einen etwas größeren Rucksack brauchst, solltest du es mit einem weichen versuchen oder mit einem, der ein kleines inneres Gestell hat. Rucksäcke werden oft sehr rauh behandelt, und einer mit äußerem Traggestell könnte gerade dann kaputtgehen, wenn weit und breit keine Reparaturwerkstatt in Sicht ist.

Wenn du einen Rucksack kaufst, dann nimm am besten deine Ausrüstung mit ins Geschäft und überzeuge dich, daß die Sachen auch in den Rucksack hineingehen, wobei noch ein wenig Platz bleiben sollte für eine eiserne Lebensmittelration und für Dinge, die unterwegs noch dazukommen.

Der Rucksack soll aus einem widerstandsfähigen, wasserabweisenden und nicht zuletzt farbechten Material gefertigt sein und Riemen zum Befestigen des Schlafsacks haben. Wichtig ist auch ein Bauchgurt. Er verhindert, daß der Rucksack beim Gehen gegen deine empfindliche Rückseite prallt und entlastet Schulter- und Bauchmuskeln.

Geld

Natürlich brauchst du unterwegs Geld. Grob geschätzt, setzte ich 1979 für mich so rund vier Dollar pro Tag an, plus Fahrtkosten. In Bali verlangte ein gutes Hotel damals 75 cents pro Nacht. In Argentinien bezahlte ich für ein dickes Steak etwa ein viertel Dollar und die gleiche Summe für einen Liter Wein. Mach dir also keine Sorgen – zu darben brauchst du wirklich nicht. Auch für Nichtamerikaner ist es ratsam, draußen in der Welt mit Dollar zu zahlen. Selbst der kleinste Straßenhändler weiß, was ein Dollar ist.

In den Ländern Südamerikas, die ich am liebsten bereise, kann man ganz besonders billig leben. Das Trampen ist dort ein Kinderspiel, und die Gastfreundschaft ist so herzlich, daß ich für gut zwei Jahre nur 1500 Dollar brauchte. Auch Asien ist billig, aber wegen der großen Entfernungen sind die Fahrtkosten hoch. Dennoch solltest du eigentlich mit drei Dollar pro Tag und etwa 300 Dollar Reisekosten innerhalb des Landes zurechtkommen. Afrika ist ein bißchen teurer. In Europa, Kanada, den USA, Japan und in Australien sind die Preise ganz schön hoch, dafür findet man aber leicht einen Job. Neuseeland ist etwas billiger, auch da gibt es viele Jobs. Ganz nebenbei, auch wenn du 100 Dollar pro Tag bezahlen müßtest, um dieses herrliche

Land kennenzulernen, hättest du immer noch ein gutes Geschäft gemacht.

Dokumente

Zusätzlich zu Paß und Impfschein empfiehlt es sich, ein polizeiliches Führungszeugnis mitzunehmen, das nachweist, daß du keine Vorstrafen hast. (Natürlich nur, wenn das auch wirklich der Fall ist!) Ein Empfehlungsschreiben von irgendeinem „hohen Tier" kann ebenfalls von Nutzen sein. Mit solchen Papieren erhält man leichter spezielle Visa oder auch eine Arbeitserlaubnis. Hilfreich könnte noch eine beglaubigte Abschrift deiner Geburtsurkunde sein, falls du einmal deinen Paß verlieren solltest. Denk auch an den Studentenausweis, den Jugendherbergs-Ausweis, den Führerschein, an Paßfotos, an eine Liste jener Banken (oder anderer Stellen), wo du deine Reiseschecks einlösen kannst, und an ein Adreßbuch. Geld und die wichtigsten Dokumente bringst du am besten in einem speziellen Geldgurt unter, den du kaufen oder selbst anfertigen kannst, den Rest in einer wasserdichten Plastikhülle oder etwas Ähnlichem. Empfehlenswert ist vielleicht auch, sich zusätzliche Taschen, am besten sogenannte Geheimtaschen, in die Kleidung zu nähen.

Wichtige Kleinigkeiten

Ein paar kleine, aber wesentliche Ausrüstungsgegenstände solltest du nicht vergessen: ein paar Plastikbeutel für deine Wäsche oder um deinen Rucksack damit auszukleiden, falls er nicht wasserdicht ist; ein paar kleinere Plastikbeutel für Streichhölzer; Schnur, die man tausendfach gebrauchen kann; Nadel und Faden (einen kräftigen); Landkarten, Streichhölzer, Bleistifte, Papier, ein Notizbuch. Das kannst du alles zusammen mit deinen Dokumenten aufbewahren. Du solltest auch ein Taschenmesser (mit Büchsen- und Flaschenöffner) und einen Löffel mitnehmen, eventuell auch einen Korkenzieher (falls du gern einen süffelst), Seife in einer Plastikschachtel, ein kleines Handtuch, eine Zahnbürste (ich habe von einem Burschen gehört, der den Griff abschnitt, um Gewicht zu sparen – aber das geht wohl ein bißchen zu weit), Toilettenpapier und eine Reiseapotheke. (Siehe S. 138).

Brillenträger sollten ein festes, starres Etui und möglichst auch eine Ersatzbrille mitnehmen. Nicht überall gibt es Tampons zu kaufen. Mädchen sollten also einen gewissen Vorrat einpacken. Empfängnisverhütende Mittel stellen ein Problem dar. Man bekommt die Pille nicht überall zu kaufen, besonders nicht in streng moslemischen oder katholischen Ländern. Und wo es sie gibt, ist die Auswahl klein. Dein Hausarzt kann dir da sicher einen Tip geben.

Ausrüstung zum Schutz gegen Kälte

Bis jetzt dürfte dein Gepäck so etwa zwei bis drei Pfund wiegen. Aber nun kommen die schweren Brocken. Zuerst ein Poncho, ein Umhang, der vor Kälte und

Regen schützt. Du kannst auch ein Plastikzelt mitnehmen, das wenig wiegt und im Notfall guten Schutz bietet. Wenn du in eher kühle Gegenden reist – aber auch Tropennächte können ganz schön kalt sein –, pack am besten eine Daunen-Steppjacke ein, die, gemessen an ihrem Gewicht, den größten Kälteschutz bietet.

Wenn du nicht ausschließlich in sehr heiße Gegenden fährst, wo eine leichte Decke und eine Hängematte genügen, brauchst du unbedingt einen Schlafsack, am besten aus Daunen. Damit kannst du auch mal im Freien übernachten oder dich in Bussen, Zügen und Hotels warm halten, wenn es keine Decken gibt.

Laß dir aber keinen Super-Schlafsack aufschwatzen, wie man ihn vielleicht auf dem Gipfel des Mount Everest benötigt. Er ist viel zu teuer und in heißen

Gegenden viel zu warm. Wahrscheinlich ist es noch dazu ein Mumien-Schlafsack, den man nicht mal ganz aufziehen und somit auch als Decke benutzen kann. Ein Schlafsack, der dich etwa bis zu Temperaturen um null Grad warm hält, reicht völlig aus. Zusammen mit deiner Kleidung, der Steppjacke und dem Poncho trotzt du in deinem Schlafsack einer beinahe arktischen Kälte. Voll bekleidet und eingemummelt in meinen leichten Daunen-Schlafsack war es mir in eisigen Himalaja-Nächten bei starken Schneefällen, wenn sogar die Jaks vor Kälte zitterten, mollig warm. Pärchen bevorzugen vielleicht Schlafsäcke, die man mit Hilfe der Reißverschlüsse kombinieren kann.

Zusammen mit dem Schlafsack solltest du unbedingt einen Stoffsack in Übergröße kaufen. In meinem kann ich den Schlafsack, den Poncho, die Tauchermaske und den Schnorchel verstauen. Eine Schaumstoffmatte ist eigentlich überflüssig. Sie ist nur sperrig, könnte allerdings nützlich sein, wenn du Probleme mit dem Rücken hast. Normalerweise benötigt man so eine Extra-Unterlage eigentlich nie, und wenn, dann tun auch Blätter, Kleidungsstücke oder Zeitungen gute Dienste. Die Grundregel lautet auch hier: Nichts mitnehmen, was man nicht unbedingt braucht.

Kleidung

Ein gutes Paar Wanderschuhe sollte das A und O deiner Ausrüstung sein, besonders, wenn du größere Strecken zu Fuß gehen willst. Ich betone es noch mal: Kauf keine extrem teuren Schuhe, es sei denn, du wolltest den Annapurna ersteigen. Meine Wanderschuhe sind ziemlich leicht und billig, aber sie trugen mich quer durch die Sahara und hielten auch einigen Kletterpartien in den Bergen stand. Nach vielen Jahren sind sie immer noch in einer recht guten Verfassung. Das Gewicht der Schuhe ist nicht ausschlaggebend, auf die Bequemlichkeit kommt es an. Allerdings haben die Bergsteiger eine Faustregel: Jedes Pfund Gewicht an deinen Füßen entspricht sechs Pfund auf deinem Rücken. Also: Leicht, bequem und trotzdem stabil – das sind die richtigen Schuhe für dich.

Zieh auf deiner Reise nur Kleider an, auf denen man Schmutz und Staub nicht so sieht. Wenn du in die Tropen reist, solltest du allerdings möglichst helle Sachen tragen, die sind kühler. Synthetische Stoffe sind ungeeignet und werden besonders bei Hitze unangenehm. Unterwegs wirst du sowieso das eine oder andere Kleidungsstück gegen ein schöneres und billigeres austauschen. Nimm aber trotzdem Jeans von zu Hause mit. Da sind sie meist billiger als im Ausland.

Folgendes empfehle ich dir einzupacken: ein T-Shirt, ein Hemd mit langen Ärmeln (am besten aus Flanell oder einem anderen wärmenden Material), drei Paar gute Socken, zwei Hosen (davon eventuell eine kurze), für Mädchen einen leichten langen Rock, einen Badeanzug (ein schnell trocknender ist am besten). Und das wär's schon. Meiner Meinung nach ist Unterwäsche nicht unbedingt erforderlich, aber das kannst du ja halten, wie du willst.

Wahlweise mitzunehmen

Einige Dinge kannst du mitnehmen, mußt es aber nicht. Dazu gehören: Zahnpasta, Rasierapparat (Klingen gibt's überall zu kaufen, und sie erfüllen noch andere gute Dienste), Nagelschere, Vitamine, Tauchermaske und Schnorchel, Feldflasche, Eßgeschirr und Besteck, einige Kerzen, ein paar Stoffreste für kleinere Reparaturen und einen Fotoapparat. (Siehe S. 200). Seife fürs Wäschewaschen mitzunehmen, wäre auch nicht schlecht. Andererseits kannst du aber auch praktisch überall deine Wäsche für wenig Geld waschen lassen.

Sandalen oder einfache Lederschlappen sind beinahe unentbehrlich, wenn man an einem schönen, warmen Ort ein wenig herumbummeln möchte, nachdem man sein Gepäck deponiert hat. Lederschlappen sind überall billig zu haben. Gute Sandalen oder Schuhreparaturen kosten ebenfalls nicht viel. Nützlich ist auch eine kleine Taschenlampe; Batterien kann man überall nachkaufen. Dreh eine der Batterien in der Taschenlampe um, wenn du die Lampe nicht benutzt, dann halten die Batterien ziemlich lange. Eine eiserne Ration an haltbaren Lebensmitteln für Notfälle solltest du auch dabeihaben. Damit meine ich nicht diese Konzentratnahrung, die 30 Jahre lang hält, sondern einfach ein bißchen Brot und Käse für unterwegs, wenn dir der Magen knurrt. Empfehlenswert ist auch ein Mittel gegen Moskitos. Ein gutes und trotzdem billiges Moskitonetz gibt es überall dort zu kaufen, wo man es (leider) auch wirklich braucht. Wenn du dann in klimatisch günstigere Gegenden kommst, kannst du das Ding ja wieder losschlagen.

Wenn du gerne fischst, nimm die entsprechende Ausrüstung mit. Solche Wasserfans wie ich, haben stets auch Tauchermaske, Schnorchel und Harpune dabei.

Reiselektüre (vor allem Taschenbücher) wird überall in der Welt unter den Trampern getauscht, und praktisch an allen Orten gibt es Geschäfte, die Bücher aus zweiter Hand verkaufen. Du brauchst also keinesfalls deinen Büchervorrat für ein Jahr oder so mit dir herumzuschleppen. Kartenfans sollten auch nicht vergessen, ein oder mehrere Kartenspiele mitzunehmen, aber wahrscheinlich ist dieser Tip überflüssig. Ich jedenfalls könnte ohne Karten nicht auskommen und vergesse sie nie.

Nun aber solltest du der Versuchung widerstehen, noch mehr Zeug einzupacken. Einen Unterschlupf findest du fast überall, und ein Zelt ist schwer und sperrig. Das gleiche gilt für Kochgeräte. Jeweils die einheimische Küche zu probieren, gehört einfach zu so einer Reise. Die wenigen Male, wo es nichts Warmes zu beißen gibt, kannst du dich ja mit dem trösten, was du dabeihast. Eine Mundharmonika wäre allerdings kein schlechter „Reisebegleiter". Natürlich nur dann, wenn du auch mit ihr umgehen kannst und Spaß dran hast.

Spätestens hier muß ich dich warnen. Naturgemäß ist es *meine* Art zu reisen, von der ich hier spreche. Trotzdem will ich dir natürlich keine Vorschriften machen. Pick dir also aus meinen Tips nur die heraus, die dir zusagen. Wenn du zum Beispiel ein eingefleischter Vegetarier bist, brauchst du wahrscheinlich einen kleinen Kocher samt Topf. Am besten nimmst du dann einen Petroleum- oder Spirituskocher, denn diesen Stoff kriegst du fast überall auf der Welt. Wenn du für dein Leben gern fotografierst oder malst oder gar ein leidenschaftlicher Bergsteiger bist, nimm auf alle Fälle die entsprechende Ausrüstung mit. Du mußt dir aber im klaren darüber sein, daß dich dieses zusätzliche Gepäck unterwegs ganz schön belasten wird und du vielleicht das eine oder andere Stück irgendwo zurücklassen wirst, weil es dich doch ziemlich behindert.

Eines solltest du dir aber unbedingt zu Herzen nehmen: es geht um Haustiere. Wenn du Tiere gern hast, dann laß sie bitte zu Hause. Wie der Name schon sagt, sind es schließlich Haustiere und keine Reisetiere. Unterwegs könnten sie überdies schlimme Krankheiten erwischen, vom Papierkrieg und den Schwierigkeiten an den Grenzen ganz zu schweigen. Außerdem würdest du vielleicht deinen Hund dort draußen besser füttern als die einheimischen Mütter ihre Kinder, und wie willst du das den Leuten erklären?

Wenn du nun alles zusammengestellt hast, pack es so ein, daß die zerbrechlichen Sachen in die Mitte kommen, die harten oder spitzen nach außen, weg vom Rücken. Dann mach mit deinem Gepäck einen Probemarsch von ein paar Kilometern. Das könnte dich darauf bringen, das Gewicht doch noch ein wenig zu reduzieren. Glaub mir, es ist mir ernst damit, wenn ich zu leichtem Gepäck rate. Wenn du alle Ratschläge und Tips aus diesem Buch richtig in dich aufgenommen und verdaut hast, dann nimm es und wirf es weg.

Globetrotter-Spezial:
Checkliste fürs Reisegepäck

Dokumente:
Reisepaß,
   Personalausweis
Impfpaß
Geburtsurkunde
Studentenausweis
Jugendherbergsausweis
Führerscheine
Paßfotos
Liste der Büros, wo man
   verlorengegangene
   Reiseschecks ersetzt
   bekommt
Adreßbuch

Wesentliche Dinge:
Rucksack
Geldgurt
Schnur
Plastikbeutel für
   Dokumente
Landkarten
Plastiktüten
Löffel
Streichhölzer

Taschenmesser
Nadel und Faden
Reiseapotheke
Bleistift, Papier,
   Notizbuch

Toilettenartikel
Seife mit Schachtel
Kleines Handtuch
Zahnbürste
Toilettenpapier
für Frauen:
Tampons oder
   Monatsbinden
Pille oder ein anderes
   empfängnisverhütendes
   Mittel

Kleidung:
Wanderschuhe
T-Shirt
langärmeliges Hemd
gute Socken
Hosen
Badeanzug

Gegen die Kälte:
Poncho
Steppjacke
Schlafsack mit einem
  großen Stoffsack

Wahlweise:
Unterwäsche
Zahnpasta
Rasierapparat
Nagelschere
Vitamine
Feldflasche
Eßgeschirr
Kerzen

Tauchermaske,
  Schnorchel
Kleiderstoff für
  Reparaturen
Kamera und Filme
Bücher
Kartenspiel
Sandalen
Taschenlampe
Mittel gegen Moskitos
Moskitonetz
Angelzeug
Leichtzelt
Kocher und Kochgeschirr
Festes Brillenetui

Verkehrsmittel

Vom Tramper bis zum Flugzeugpassagier

Endlich bist du unterwegs. An einem einzigen Ort wirst du wohl kaum bleiben wollen. Um vorwärts zu kommen, hast du eine Menge Möglichkeiten. Du kannst zu Fuß gehen, per Anhalter oder mit dem eigenen Auto fahren, mit Booten, Bussen, Zügen, Frachtflugzeugen, Charter-Flugzeugen oder regulären Linienmaschinen reisen, mit dem Fahrrad oder Motorrad fahren oder dich gar auf dem Rücken von Pferden oder Kamelen durch die Gegend schaukeln lassen.

Trampen

Ich habe alle oben erwähnten Möglichkeiten durchprobiert, und ich ziehe das Trampen oder „hitchhiken", wie es im internationalen Globetrotter-Slang heißt, allen anderen vor. Indem du deinen Daumen ausstreckst, verwandelst du die Welt auf magische Weise: Du triffst plötzlich die freundlichsten Menschen, die sich alle Mühe geben, dir zu helfen. Die Fahrer nehmen dich in bezaubernde kleine Städtchen mit und führen dich in Restaurants, an die du noch lange denken wirst. Kannst du dir vorstellen, was für einen Spaß es macht, hoch oben auf so einem alten Brummi mitzufahren, ein Volkslied oder einen Schlager herauszugrölen und sich

den Wind um die Ohren pfeifen zu lassen? Obendrein können einem die Leute, die man beim Trampen kennenlernt, zu ungewöhnlichen Jobs verhelfen, die vom Bau von Schweineställen in Yucatan bis zu einer Reiseführertätigkeit im Topkapi-Museum von Istanbul reichen.

Als Tramper kommt man im allgemeinen sehr gut voran. Oft kann man so an einem Tag größere Entfernungen bequemer zurücklegen als im Bus oder im Zug. Man braucht nichts zu bezahlen und kommt in interessante Gegenden, die man auf andere Weise kaum kennengelernt hätte.

Bei uns und auch in vielen anderen Ländern ist der Daumen als Tramper-Signal zwar allgemein bekannt, in manchen Gegenden aber könnte der hochgereckte Daumen jedoch anstößig oder gar obszön wirken. Um Schwierigkeiten aus dem Wege zu gehen, solltest du vielleicht besser deine Handfläche als „Stop-Signal" verwenden oder einfach das Auto an die Straßenseite winken. Ich würde auf jeden Fall jeweils an Ort und Stelle fragen, welche Tramperzeichen dort gebräuchlich sind. Noch ein paar Tips, die dir helfen werden: Nimm die Sonnenbrille ab, wenn du mitgenommen werden willst. Der „Augen-Kontakt" mit dem Fahrer ist sehr wichtig. Lächle ihn an und versuche auch, einen vertrauenswürdigen Eindruck zu machen. Ein zu schlam-

piges Aussehen verringert deine Chancen gewaltig. Mit zuviel Gepäck wirst du es auch schwer haben, mitgenommen zu werden. Aber ganz ohne Gepäck könnte man dich für einen Landstreicher halten. Mit *einem* Gepäckstück bist du ein „richtiger Reisender". Mit zwei oder noch mehr Rucksäcken oder gar Koffern bist du eine rechte Plage.

Die besten Standorte zum Trampen sind dort, wo die Autos langsam fahren müssen, wo dich der Fahrer rechtzeitig sehen kann. Natürlich muß auch genügend Platz da sein, damit er überhaupt an die Seite fahren und halten kann. In Städten empfiehlt es sich, an Ampeln oder Tankstellen zu stehen. Ideale Tramper-Plätze sind auf Autobahnen und Schnellstraßen die Raststätten, Tankstellen und Parkplätze. Auf der Autobahn selbst zu stehen, ist – vor allem in europäischen Ländern – verboten. Kein schlechter Standort ist auch die Auffahrt zur Autobahn. (Vorsicht: nur *vor* dem Autobahn-schild!) Tankstellen, Raststätten und Polizeistationen sind auch in ländlichen Gegenden äußerst günstige Standorte für Tramper. „Arbeitet" man zu zweit, sollte man sich aufteilen, einer bleibt auf der Straße, der (die) andere erkundigt sich bei den Fahrern auf dem Park-platz oder in der Raststätte nach Mitfahrgelegenheiten. Dort kann man auch bei Regen unterschlupfen, man bekommt etwas zu essen und kann eventuell sogar ein bißchen schlafen oder gar übernachten. Plätze, auf denen du die Fahrer direkt ansprechen kannst, sind – besonders nachts – oft deine einzige Chance, überhaupt noch mitgenommen zu werden. Die Leute, die in den Tankstellen oder den Restaurants beschäftigt sind, und auch die Polizei werden dir sicher immer wieder bei der Suche nach einer Mitfahrgelegenheit helfen. Deshalb sollte man sich mit ihnen auf alle Fälle gut stellen. Standorte, an denen bereits mehrere Tramper warten, sind uninteressant. Such dir besser einen anderen Platz.

Bevorzugte Standorte, die zum Autostopp direkt einladen, sind auch Grenzübergänge und Anlegeplätze von Fähren. Besonders ideal ist der deutsch/österreichische Grenzübergang Schwarzbach bei Salzburg, über den fast der gesamte europäische Verkehr in den Nahen Osten abgewickelt wird. Manchmal müssen die riesigen Laster übers Wochenende wegen des Fahrverbots dort Station machen. Dann kann man mit den Fahrern Kontakt aufnehmen und mit einigem Glück eine Mitfahrt bis nach Kuweit oder Saudi-Arabien ergattern. Aber selbst an Werktagen müssen sich die Laster wegen der Formalitäten längere Zeit an den Grenzübergängen aufhalten, so daß man dort gut mit den Fahrern sprechen kann.

Am einfachsten geht das Trampen in dünn besiedelten Gebieten. Dort hält fast jedes Auto, und der Fahrer nimmt dich gerne mit. Oft wird das vielleicht ein langsamer Laster sein. Aber hin und wieder kommt auch ein Luxuswagen mit Klimaanlage vorbei, und an besonders guten Tagen kannst du ganz auf die Laster verzichten und genüßlich in schnittige Ferraris einsteigen. Schlimmstenfalls, wenn es mal wirklich nicht klappen sollte, merk dir die Abfahrtszeit des letzten Busses und versuch bis dahin dein Glück als Anhalter.

Pärchen sind ein ideales Trampergespann. Sie werden auch von solchen Leuten mitgenommen, die sich davor fürchten, zwei Burschen in ihr Auto zu lassen. Für

Mädchen ist es sicherer, zu zweit zu trampen. Aber ich habe auch Mädchen kennengelernt, die viele tausend Kilometer allein per Autostopp gereist sind und die mir erzählten, daß ihr Spaß mit den Leuten, die sie kennenlernten und ihre Freude an den Abenteuern, die sie bestanden, die möglichen Gefahren bei weitem überwogen. Außerdem kommen alleinreisende Mädchen viel schneller weg als alle anderen Tramper.

Wenn ich zusammen mit einem Mädchen durch Gegenden trampte, wo nur ganz selten mal ein Auto vorbeikam, verkroch ich mich manchmal mit einem Buch hinter einem Busch, während sie versuchte, ein Auto anzuhalten. Meistens hielt dann auch tatsächlich ein Auto oder ein Lastwagen. Beim Anblick des Mädchens stoppte der Fahrer oft so schnell, daß er beinahe gegen die Windschutzscheibe geprallt wäre. Natürlich ist dies ein ziemlich schäbiger Trick, den man nur in Notfällen anwenden sollte. Leider scheint es so zu sein, daß man immer tiefer sinkt, je verzweifelter man ist.

Paare, die zusammen trampen, geraten seltener in gefährliche Situationen als alleinreisende Mädchen, aber Gefahren gibt es durchaus. Eines Nachts in Algerien gerieten meine Begleiterin und ich in so eine brenzlige Situation, die zeigt, wie man es *nicht* machen soll.

Es war kalt in jener Nacht in Setif, und ich war schon ziemlich müde, als endlich ein riesiger Milch-Laster anhielt. Wir waren für jedes Auto dankbar – noch dazu fuhren diese Leute bis zur tunesischen Grenze! Es waren zwei Männer, der Fahrer und der Beifahrer, und meine Freundin Kay setzte sich zu ihnen nach vorne.

Obwohl ich's hätte besser wissen müssen, stieg ich wie ein Vollidiot hinten ein und legte mich zum Schlafen hin, während sie sich vorne mit den beiden Algeriern in Französisch unterhielt.

Nach ungefähr zwei Stunden wurde ich wach, weil Kay meinen Namen rief. „Diese Kerle fummeln dauernd an mir rum", sagte sie verärgert.

„Laßt sie in Ruhe", forderte ich die beiden auf, und sie taten es. Dann entdeckte ich, daß ich richtiggehend eingesperrt war, daß es da keine Tür gab, um rasch in die Fahrerkabine zu gelangen, wenn wirklich etwas Ernstliches passieren sollte.

Nach einer weiteren Stunde wurde ich erneut durch Kays Stimme aus dem Schlaf gerissen. Nun schien sie schon etwas aufgeregter zu sein. „Die betatschen mich schon wieder und lassen sich nicht davon abhalten!"

„Hört mal her, ihr beiden", sagte ich, „Schluß damit oder es gibt Ärger!" Natürlich war mir klar, daß es eher Ärger für uns als für die beiden geben könnte, denn schließlich war ich ja ziemlich hilflos. Aber meine Stimme klang doch wohl so sauer, daß sie beeindruckt schienen.

Kaum zwanzig Minuten waren vergangen, da hörte ich Kay schon wieder rufen. Und diesmal fürchtete sie sich wirklich.

„Jetzt werden sie wirklich zudringlich – mir geht's an den Kragen!"

Jetzt mußte ich was unternehmen. Ich griff durch das Gitter des Rückfensters, packte den Beifahrer am Hals und schnürte ihm die Luft ab. Ich befahl dem Fahrer, anzuhalten und auszusteigen, was er auch tat. Dann forderte ich Kay auf, die hintere Ladetür aufzumachen. Ich ließ den Burschen los und sprang hinten mit unserem Gepäck raus. Die beiden Typen machten sich schleunigst mit ihrem Laster davon.

Das alles hätten wir vermeiden können, wenn ich meine fünf Sinne beisammen gehabt hätte, anstatt blind in eine Falle zu laufen. Wenn man einigermaßen durchblickt, kann man solchen Schwierigkeiten fast immer aus dem Weg gehen. Wenn man nämlich erst mal im Schlamassel drinsteckt, kann es kritisch werden.

Aber es kann natürlich auch ganz anders laufen. Wir versuchten in El-Jadida (Marokko) mitgenommen zu werden, und zwei junge Männer ließen uns auch gegen acht Uhr abends in ihr Auto einsteigen. Sie bestanden darauf, daß wir mit zu ihnen nach Hause führen. Ihre Wohnung lag ziemlich außerhalb der Stadt. Sie sahen beide vertrauenerweckend aus, also fuhren wir mit.

Sie freuten sich sehr darüber, sich mit Amerikanern unterhalten zu können, und sie zeigten uns ihre Sammlung von Kassetten mit Rockmusik. Zuviel Gastfreundschaft kann aber auch von Übel sein. Sie versuchten, uns allerlei Zeug zum Rauchen und zum Schlucken aufzuzwingen, hatten auch Wein, der ja Moslems eigentlich streng verboten ist. Nach einem hervorragenden marokkanischen Essen, das ihren Verdienst von mindestens zwei Tagen verschlungen haben muß, hatten wir von der Party genug. Sie aber wollten um nichts in der Welt schlafen gehen, jetzt, wo sie endlich mal waschechte Amerikaner zu Gast hatten. So gegen fünf

Uhr früh lagen wir alle völlig „down" in der Wohnung herum. Gegen halb sieben waren die Burschen bereits wieder voll da und machten sich munter auf ihren Weg zur Arbeit. Meine Begleiterin und ich, wir fühlten uns hingegen zu Tode elend, schleppten uns auf die Straße hinaus und setzten hundemüde unsere Reise fort.

Gruppenweise – mit drei oder mehr Leuten – zu trampen, ist, wie gesagt, ausgesprochen schwierig. Am besten reist man dann, zumindest zeitweise, getrennt. Es gibt übrigens ein ungeschriebenes Tramper-Gesetz: Neuankömmlinge müssen sich hinten anstellen, wenn sie an einen Standort geraten, an dem bereits mehrere Tramper ihr Glück versuchen.

Zur Grundausrüstung eines gewieften Trampers gehört ein großes Stück Pappkarton, auf dem steht, wohin man mitgenommen werden will. Unerläßlich ist so ein Schild an großen Kreuzungen, wo die Straßen nach verschiedenen Richtungen abgehen. Wähle einen nicht zu weit entfernten Bestimmungsort, denn manche Autofahrer haben sicher keine Lust, über Tausende von Kilometern mit einem Fremden zusammen zu sein. Wenn du dann im Auto sitzt und mit dem Fahrer gut zurechtkommst, kannst du ja immer noch versuchen, eine längere Strecke mitgenommen zu werden. Manchmal muß man sich auch was Originelles einfallen lassen, um den Autofahrer zum Anhalten zu bewegen. Ich kenne da einen ganz netten Trick. Beim Trampen stelle ich mich in Fahrtrichtung Osten, gebe aber auf meinem Schild an, ich wolle nach Westen. Wenn der Autofahrer dann anhält, um mich über meinen Irrtum aufzuklären, markiere ich den Erstaunten und beklage meinen Irrtum. Meist läßt mich der freundliche Fahrer dann einsteigen. Das Schild sollte natürlich in der einheimischen Sprache beschriftet sein. Erkundige dich, wie man die Namen der fremden Städte in dem betreffenden Land schreibt und ausspricht. Es gibt unzählige Geschichten von Leuten, die nach „Vienna" wollten und geradewegs durch Wien hindurch und weiterfuhren – oder die Florenz verpaßen, weil sie nicht begriffen, was „Firenze" bedeutet. Viele Tramper kommen auch gut mit einem Pappkarton zurecht, auf den sie das schlichte, aber wirkungsvolle Wort „Bitte" aufmalen.

Keine schlechte Idee ist es auch, sich neben ein defektes Auto zu stellen und den Eindruck zu erwecken, man habe eine Panne. Wenn du am Straßenrand ein

Auto entdeckst, das eine Panne hat, bringt dir dein Angebot, dem Fahrer zu helfen, bestimmt eine Mitfahrt und vielleicht auch einen Freund ein.

Eine wichtige Tramper-Regel lautet: Steig nie zu Betrunkenen ins Auto. Wenn du merkst, daß der Fahrer echt voll ist, dann laß ihn sofort anhalten und steig aus. Meistens wirkt es, wenn du dem Fahrer sagst, du mußt pinkeln. Das begreift auch ein Betrunkener.

In vielen Teilen der Welt errichtet die Familie eines tödlich verunglückten Autofahrers an der Unglücksstelle eine kleine Gedenkstätte, ein Kreuz oder so. An manchen Stellen häufen sich diese Gedenkstätten dermaßen, daß man glaubt, über einen Friedhof zu fahren. Einmal wurde ich in den kolumbianischen Anden von einem Lkw mitgenommen, als besonders starker Nebel herrschte. Die Bergstraße hatte keinerlei Schutzzäune oder Mauern. Am Steuer saß ein verhinderter Rennfahrer, der seinen Fuß praktisch nie vom Gaspedal nahm. Er zog seinen schweren Laster von einer Straßenseite auf die andere, und jedesmal glaubte ich, daß wir nun wirklich in den tiefen Abgrund stürzen würden. Das Lenkrad hielt er nur mit einer Hand, damit er sich mit der anderen alle sechs Sekunden bekreuzigen oder den Schweiß von der Stirn wischen konnte. Unentwegt betete er dabei „Gegrüßet seist Du Maria", und ich war wirklich bald reif dafür, zum katholischen Glauben überzutreten. Wie durch ein Wunder überstanden wir die Fahrt mit heilen Knochen.

Ein anderes Mal hatte mich wieder so ein verrückter Fahrer (ebenfalls in den Anden) in seinen Klauen. Wir preschten auf einer Straße dahin, die so hoch und sturmumtost war, daß sogar den Lamas schwindlig wurde. Ich fragte ihn, ob er diese Straße gut kenne. „Sicher", meinte er, „ich fahre diesen Weg ja zweimal in der Woche." Ich lehnte mich zurück und fühlte mich ein bißchen sicherer, als wir ganz plötzlich eine Kurve zu weit nahmen und über den Straßenrand hinausschossen. Wir hatten uns an die fünfmal überschlagen, als uns eine einsame Fichte vor dem senkrechten Sturz in einen See bewahrte. Durch den Rahmen der Windschutzscheibe (Sicherheitsglas? Daß ich nicht lache!) krabbelten wir ins Freie, blutig und von Glassplittern übersät, aber ansonsten nicht ernstlich verletzt. Der Fahrer warf sich sofort auf den Boden und jammerte und klagte. Ich dagegen war so überrascht, überhaupt noch am Leben zu sein, daß ich, wohl unter einem gewissen Schock, in schallendes Gelächter ausbrach und immer wieder rief: „Wir leben! Wir leben ja noch!"

„Ja, sicher, aber schau mal meinen Laster an! Er ist total im Eimer!"

Natürlich hatte der Fahrer zu der Zeit, als Polizei und Rettungsfahrzeuge eintrafen, wieder so viel von seiner Fassung zurückgewonnen, daß er behaupten konnte, ein anderer Lastwagen habe ihn von der Straße gedrängt.

Das Trampen in den Ländern der Dritten Welt ist weit weniger riskant als in den hochzivilisierten Ländern. Nicht so sehr, weil man dort besser fährt, sondern weil es weniger Ärger mit den Fahrern gibt. Dennoch solltest du dir den Autofahrer gut anschauen, bevor du zu ihm in den Wagen steigst. Du bist ja nicht dazu verpflichtet, eine angebotene Mitfahrgelegenheit auch wirklich wahrzunehmen. Alleinreisende Mädchen fahren besser nicht in einem Auto mit, in dem mehrere Männer, aber keine Frauen sitzen. Bei Paaren sollte sich immer der Mann direkt neben den Fahrer setzen, es sei denn, man ist sich sicher, dem Burschen trauen zu können. Wenn der Fahrer in Ordnung ist, dann laß dir auf deiner Straßenkarte zeigen, wohin er fährt. Ist es nur eine kurze Strecke, und du stehst an einer günstigen Stelle, dann verzichte lieber auf die Mitfahrt.

Ein Blick auf das Nummernschild des Autos zeigt dir meist, aus welcher Stadt oder Provinz es kommt und wohin es vielleicht fährt. Sich die Autonummer zu merken, hilft auch, den Fahrer ausfindig zu machen, falls er sich mit deinem Gepäck aus dem Staube macht.

Im allgemeinen mußt du ja nicht für eine Mitfahrt bezahlen. Aber manche ganz normal aussehende Autos entpuppen sich später als Taxis. Wenn du also in dieser Beziehung nicht ganz sicher bist, solltest du rechtzeitig den Fahrer fragen. In manchen armen Ländern versuchen auch Lastwagenfahrer, sich ein paar Mark extra zu verdienen, indem sie Leute für Geld mitnehmen. Sie verlangen dafür gewöhnlich recht wenig, sind überdies viel billiger als die dortigen öffentlichen Verkehrsmittel und brauchen dieses Geld oft recht nötig.

Sitzt du schließlich in einem Auto, dann solltest du dich auch mit dem Fahrer unterhalten. Er tut dir ja einen Gefallen, und es wäre sehr unhöflich, sich gleich hinzuhauen und zu schlafen. Außerdem könnte es von deinem Benehmen abhängen, ob er beim nächsten Mal wieder einen Anhalter mitnimmt oder nicht. So bist du schon wegen uns anderen geradezu verpflichtet, freundlich und nett zu sein. Auch dann, wenn du im Grunde ein eher brummiger Typ bist.

Der Fahrer ist übrigens eine wahre Goldgrube an Informationen. Er kann dir viel über sein Land oder seine Heimat erzählen. Er bringt dich vielleicht zu interessanten Orten und bezahlt eventuell auch mal ein Mittagessen. Überall auf der Welt nehmen die Leute gerne Fremde mit, und, glaube mir, ein Marokkaner braucht keine deutsche Flagge an deinem Rucksack zu sehen, um zu wissen, daß er es mit einem Ausländer zu tun hat.

Wenn du in einer kleinen Stadt aussteigen mußt, weil der Fahrer nicht weiterfährt, dann bitte ihn, dich zum anderen Ende der Stadt zu bringen. In Städten, in denen es keine Umgehungsstraßen gibt, läßt du dich am besten im Stadtzentrum absetzen. Von dort aus kannst du in der Regel mit öffentlichen Verkehrsmitteln auf die andere Seite gelangen. Wenn du nachts in einer Stadt ankommst, wirst du wahrscheinlich in einer freundlichen Tankstelle oder Raststätte übernachten wollen. Lastwagenfahrer, die hier einen Stopp für die Nacht einlegen, fahren am nächsten Morgen gewöhnlich sehr früh wieder weiter. Ich habe deswegen schon direkt neben den Lastern geschlafen, um zu vermeiden, daß mich die Fahrer am nächsten Morgen „vergessen". Oft fahren sie aber auch die ganze Nacht durch, und du kannst dich hinten im Wagen aufs Ohr legen.

Manchmal gelingt es einem auch, umsonst auf Güterzügen, Booten oder Schiffen mitzufahren oder gar von privaten Flugzeugen mitgenommen zu werden. Angestellte auf Bahnhöfen oder Flugplätzen helfen dir da meistens recht bereitwillig. Güterzüge sind natürlich von Haus aus langsam, aber eine solche Reise kann ein echtes Erlebnis sein. In Argentinien fuhr ich einmal fast 500 Kilometer beim Maschinisten auf seiner Lokomotive mit. Er schien fast noch älter als die Dampflok zu sein, und er unterhielt mich so glänzend mit Erzählungen von seiner Arbeit, von Zugunglücken und Zugräubern, daß es mir gar nichts ausmachte, so langsam vorwärtszukommen.

Ich bin sicher, daß all meine Tips deine Chancen, mitgenommen zu werden, vergrößern und dir überdies helfen, Geld zu sparen. Ich selber bin so an die 80 000 oder 90 000 Kilometer getrampt, und das Vergnügen dabei war weit größer als die Unannehmlichkeiten. Wenn einfach mal kein Auto halten will oder aber deine Zeit knapp ist, dann nimm den Bus. Du brauchst schließlich niemandem etwas zu beweisen, und einem Härtetest willst du dich ja hoffentlich auch nicht unterwerfen.

Busse und Züge

Busse und Züge sind im Ausland oft sehr viel billiger als bei uns. Sie sind meistens sauber, fahren ziemlich pünktlich und bilden in stark besiedelten Gegenden ein recht dichtes Verkehrsnetz. Die größte Falle, in die man als unerfahrener Reisender tappen kann, ist der Kauf einer Netzkarte für Busse und Bahnen. Sie ist teuer und rentiert sich höchstens dann, wenn man sie jeden Tag benützt. In der Regel kostet also eine Netzkarte mehr, als die jeweiligen Einzelkarten zusammen. Außerdem müßtest du deinen Reiseplan im voraus kennen, und wenn du deine Netzkarte verlierst, wird sie obendrein nicht ersetzt. Das Schlimmste daran ist aber, daß man so eine Karte stark ausnützen will und so zu einer Reise im Eiltempo verleitet wird.

Die Finger lassen sollte man auch von den weiten Busfahrten für junge Leute. Die meisten von ihnen gehen von London nach Indien oder Südafrika. Unterwegs kann man fast nie einen längeren Halt einlegen, und die Fahrer zeigen auch nicht das geringste Entgegenkommen. Nur die wenigsten Passagiere – und die Fahrer schon gar nicht – scheinen diese Reisen zu genießen. Ein Freund erzählte mir, daß ein Busfahrer während einer Tour nach Kenia so sauer wurde, weil ihn seine Auftraggeber nicht bezahlten, daß er den Bus am Roten Meer verkaufte und die Passagiere einfach sitzenließ. In den Werbeanzeigen scheinen diese Reisen zwar wahre Märchenfahrten ins Paradies zu sein, aber alles, was meistens dabei herauskommt, sind Müdigkeit und Ärger.

Mit der Bahn reist man im allgemeinen etwas billiger als mit Bussen. Allerdings dauert die Reise einiges länger, und nur gelegentlich sind Züge auch wirklich bequemer.

Wenn du mit dem Bus fährst, solltest du möglichst

rechtzeitig an der Bus-Station sein, damit du einen Sitzplatz bekommst. Am besten sind die vorderen Sitze, weil man da auf schlechten Straßen die wenigsten Stöße abbekommt. Du kannst aber auch versuchen, den Bus auf der Straße oder an einer Tankstelle in den Außenbezirken zu erwischen. Dort gelingt es dir vielleicht sogar, den Fahrpreis herunterzuhandeln. Vorher solltest du dich allerdings erkundigen, ob der Bus die Station voll besetzt verläßt, denn dann ist deine Chance, draußen

mitgenommen zu werden, sehr gering. Es empfiehlt sich, nicht beim Bus-Unternehmen direkt nachzufragen, denn die wollen dir um jeden Preis sofort ein Ticket verkaufen. Ob der Bus nun wirklich voll besetzt ist oder nicht, erfährst du am ehesten an einem Kiosk an der Bushaltestelle. Die meisten Überland-Busse verfügen über zusätzliche Sitze. Du kannst also leicht bis zu einer Tankstelle trampen und dort auf den Bus warten. Auch

Lastwagen stoppen oft an Tankstellen, um Passagiere aufzunehmen. Zusammen mit einem Freund reiste ich auf diese Weise für einen Bruchteil des Bus-Fahrpreises durch fast ganz Peru.

Geld sparen kann man auch, wenn man die internationalen Busse und Züge meidet. Man braucht bloß an der Grenze auf die lokalen Verkehrsmittel umsteigen. In Mittelamerika spart man dabei rund 75 Prozent, in Thailand oder Malaysia etwa 50 Prozent. Wenn du dein Gepäck auf dem Dach eines Busses verstaust, überzeuge dich, daß es fest und sicher vertäut ist und überprüfe das bei jedem Stopp. Ist dein Gepäck verlorengegangen, laß den Fahrer nicht einfach wegfahren. Ruf unter Umständen die Polizei. In Botswana redete ein Freund von mir so lange auf den Busfahrer ein, bis der rund 15 Kilometer zurückfuhr, um nach dem vom Dach gefallenen Gepäck zu suchen. Sie fanden es.

Schiffe

Frachter und Passagierschiffe sind für Überseefahrten, für Reisen an Küsten entlang oder auch dann, wenn man große Gebiete durchqueren will, in denen es keine Straßen gibt, wie etwa das Amazonasbecken, viel billiger als Flugzeuge. Schiffe und Boote sind im allgemeinen recht langsam, aber wenn Zeit für dich keine Rolle spielt, wirst du entdecken, daß das Reisen zu Wasser oft viel lustiger und unterhaltsamer ist als in der Luft. Im Flugzeug wirst du zwar nicht seekrank, aber du kannst auch keine Delphine oder fliegenden Fische beobachten und nicht mit der Mannschaft ein spannendes Würfelspiel durchkämpfen. Über den Schiffsverkehr erkundigst du dich am besten in den einschlägigen Büros, bei Reisebüros und in Hafenkneipen, oder du informierst dich in den lokalen Zeitungen. Das ist weit einfacher, als von Schiff zu Schiff zu laufen. Bei Frachtschiffen solltest du den Fahrpreis direkt mit dem Kapitän aushandeln, nachdem du dich bei Einheimischen erkundigt hast, was so eine Fahrt ungefähr kosten darf. Oft genug nimmt man dich auch umsonst mit, besonders dann, wenn du ohne Anhang unterwegs bist. Alleinreisende Mädchen können sich mit hundertprozentiger Sicherheit darauf verlassen, kostenlos mitfahren zu dürfen.

Ein Mädchen aus meiner Bekanntschaft reiste – beziehungsweise trampte – auf diese Weise 1600 Kilometer auf dem Amazonas, ohne auch nur einen Pfennig auszugeben. Sie fuhr mit einem Lastkahn los, dessen Decks so vollgestopft mit Brettern waren, daß sie in ihre Hängematte nur kriechen konnte. Oft mußte sie auch große Umwege machen oder sich auf Schleichpfaden bewegen, um dem alten, lüsternen Schiffskoch zu entkommen. Zwei Tage, nachdem das Schiff den Hafen verlassen hatte, gab der Motor seinen Geist auf. Während der Reparaturarbeiten schaffte es der Kapitän, den Maschineningenieur so zu verärgern, daß der prompt seine Siebensachen packte und auf das nächste Schiff entfloh, das vorbeikam. Das Mädchen wurde bald von dem havarierten Schiff gerettet. Zwei südamerikanische Holzfäller nahmen sie in ihrem Schnellboot mit. Sie suchten den Fluß nach verlorengegangenen Baumstäm-

men ab. Als nach drei Tagen die Suche beendet war, verschafften die Holzfäller dem Mädchen eine Mitfahrt auf einem kleinen Passagierschiff, das zu ihrem ursprünglichen Bestimmungsort fuhr. Auf diesem Boot freundete sie sich mit ein paar netten jungen Männern an, die sie in ihre peruanischen Heimatorte einluden. Gerade auf kleinen Booten und besonders in abgelegenen Gegenden, wo nur selten Ausländer hinkommen, erlebt man oft die schönsten Dinge und trifft die interessantesten Menschen.

Verlaß dich nicht allzusehr darauf, daß solche Schiffe auch wirklich pünktlich abfahren oder sich gar strikt an ihre Fahrpläne halten. Außerdem muß man für die Fahrt flußaufwärts doppelt soviel Zeit einkalkulieren wie für die gleiche Fahrt flußabwärts. In großen Häfen am Atlantischen oder Pazifischen Ozean wird man auch mal auf privaten Yachten mitgenommen, vor allem dann, wenn man ein bißchen Ahnung vom Segeln hat. Abenteuerlustige und handwerklich geschickte Typen können sich auch selbst ein Floß oder ein Kanu bauen und so ein völlig neues Reisegefühl erleben. Auf meiner Kanufahrt den Amazonas hinunter wehrte ich einen zudringlichen Alligator mit dem Paddel ab, kämpfte mich durch meterhohe Wellen und wurde zweimal vom Sheriff eingebuchtet, weil man mich für einen Piraten hielt. Ich unternahm auch lange Märsche durch unerschlossene Dschungelgebiete und verbrachte unvergeßliche Nächte unter einem herrlichen Sternenhimmel, unterhalten vom Schnattern der Affen und vom heiseren Brüllen der Jaguare. Aber Vorsicht! Ein alter Mann vom Fluß erzählte mir von fünf verschiedenen Leuten, die früher einmal diesen Trip alleine gewagt hatten. Nur von dreien hat man je wieder etwas gehört.

Fahrräder

Mit dem Fahrrad zu reisen, kann durchaus seine Reize haben. Man muß sich über keine gesetzlichen Vorschriften ärgern, und der Transport von Fahrrädern auf Zügen oder Schiffen und Booten ist nicht selten kostenlos. Das einzige Problem sind oft die Ersatzteile.

In Peru traf ich einen Typ, der sich zusammen mit einer kleinen Gruppe an einem Radtrip den schier endlosen Pan-American-Highway von Alaska nach Tierra del Fuego versuchte. Sie wurden zum Teil von

einer Zeitschrift finanziert, die dafür Artikel haben wollte. Er lobte diese wahrhaft erdverbundene und noch dazu billige Reiseart über alle Maßen. Als ich ihn traf, hatte er die Fahrt unterbrochen, um für ein Forschungsteam am peruanischen Amazonas zu arbeiten.
—

Es war, so sagte er, die gemächliche Reiseweise mit dem Fahrrad ohne jede Hast und Eile, die den Trip so vergnüglich, erfrischend und lehrreich machte. Er empfahl, mindestens sechs Ersatzreifen, verschiedene Glühbirnen und Lampen sowie alle Ersatzteile für die Gangschaltung mitzunehmen. Als die Reifen knapp wurden, bat er einen Freund zu Hause, ihm doch welche in eine bestimmte Stadt nachzuschicken, in die die Gruppe später kommen wollte.

Ich lernte auch mal eine Radfahrer-Gruppe kennen, die von San Diego aus die ganze Küste südwärts hinunterradelte. Das war eine bestens organisierte Gruppe von ungefähr dreißig Radfahrern, die stets von einem Lastwagen begleitet war, der alle notwendigen Ersatzteile mit sich führte. Im Gegensatz zu meinem Freund in Peru verfügten diese Leute über die modernste Ausrüstung in Sachen Fahrrad, und sie achteten immer sehr darauf, früh aufzustehen und die eingeplanten Kilometer abzuspulen. Die Tatsache, daß ihr Trip auf Wochen und nicht auf Jahre angesetzt war, trieb sie zweifellos zur Eile, und sie kamen manchmal in Zeitnot. Trotzdem hatten sie aber immer genügend Zeit zum Lachen und zur Freude.

Motorräder

Eine Reise mit dem Motorrad ist nicht ganz ungefährlich. Wenn du sie aber heil überstehst, wirst du diesen Trip nie mehr vergessen. In fast allen Ländern (soviel ich weiß, ist die Türkei die einzige Ausnahme) unterliegen Motorräder den gleichen Vorschriften wie Autos.

Kürzlich unterhielt ich mich mit einem Mann, der eine Motorrad-Reparaturwerkstatt besitzt, lange Zeit in Asien lebte und dort viel mit dem Motorrad fuhr. Er empfahl, ein Motorrad einer weitverbreiteten Marke zu kaufen, die überall in der Welt Vertragswerkstätten unterhält. Man sollte vielleicht nicht über eine 350-ccm-Maschine hinausgehen, denn je stärker ein Motorrad ist, um so schwieriger wird es, Ersatzteile zu bekommen. Motorradfahrer sollten genügend Ersatzteile mitnehmen, von Kabeln über Kettenglieder bis zu Reifen. Ausländische Mechaniker sind oft wahre Hexenmeister mit dem Schweißbrenner, aber bei ausgebrannten Kerzen ist halt nichts zu machen. Eine Betriebsanleitung für deinen „heißen Ofen" solltest du ebenfalls dabeihaben. Tu aber auch dir selbst was Gutes und steck dir das Buch „Zen und die Kunst ein Motorrad zu warten" ein.

Autos

Mit dem Auto durch die Welt zu reisen, kann ganz schön teuer kommen. Ein Unfall mit dem Auto kann dich eine Stange Geld kosten. Auf schlechten Straßen wird dein Auto arg strapaziert, und Ersatzteile sind oft nur schwer aufzutreiben. Benzin wird beinahe von Tag zu Tag teurer und ist nicht überall von bester Qualität. Das Auto per Schiff zu transportieren, ist enorm teuer. Obendrein gibt es in den meisten Ländern der Dritten Welt scharfe Gesetze, die den Verkauf von Autos an Einheimische verhindern sollen, die so die hohen Einfuhrsteuern sparen wollen. Diese Steuern machen oft schon 100 Prozent des Autowertes aus. Es ist dort auch schwierig, sein kaputtes Auto loszuwerden. Im allgemeinen darf man das Land nicht ohne Auto verlassen, wenn man damit eingereist ist. Manche Leute mußten schon den gesamten Wert ihres Autos in bar an die Behörden bezahlen, bloß damit sie ihren defekten Wagen überhaupt am Straßenrand zurücklassen durften.

Zwei meiner Freunde fuhren einmal mit einem Auto nach Guatemala, um dort indianische Kleidungsstücke einzukaufen. Als ihr Wagen in einer gottverlassenen

Berggegend kaputtging, mußten sie zwei Tage lang mit der Antriebswelle auf den Knien im Bus nach Guatemala City fahren. Dort warteten sie nochmals drei Tage auf die Reparatur. Als sie zu ihrem Auto zurückkamen, entdeckten sie einen weiteren Schaden. Also wieder zurück in die Hauptstadt! Die ganze Geschichte zog sich über knapp zwei Wochen hin. Danach hatten sie kein Geld mehr und mußten wieder nach Hause zurückkehren. Auf der Heimfahrt streikte das Getriebe erneut, und sie mußten einen Teil ihrer eingekauften Ware wieder veräußern, um die Reparatur bezahlen zu können. Meine Freunde lachten zwar sehr, als sie die Geschichte später erzählten, aber das Ganze muß doch eher ein Alptraum für sie gewesen sein.

Wenn du jemanden mit deinem Auto überfährst, kannst du schnell im Gefängnis landen – und hast dann noch Glück gehabt, weil du nicht von seinen Angehörigen gelyncht worden bist. Solltest du in Marokko einen Mann verletzen, dann mußt du wahrscheinlich den Lebensunterhalt von drei Ehefrauen und zehn Kindern finanzieren, bis er wieder hergestellt ist. Wenn du gar mit Schmuggelware im Auto erwischt wirst, kann der Wagen beschlagnahmt werden. An manchen Grenzen gibt es Leute, die davon leben, jene Autos wieder zusammenzubauen, die von den Zöllnern auseinandergenommen worden sind.

Ich will dir das Reisen mit dem eigenen Auto aber nicht ganz vermiesen. Natürlich hat es auch gewaltige Vorteile. Du kannst mehr Gepäck und spezielle Ausrüstung mitnehmen. Du kannst halten, wo du willst, und fahren, wohin du willst. Du hast immer einen Platz zum Schlafen und kannst im Wagen auch dein Gepäck einigermaßen sicher verwahren. Der Ärger mit dem Trampen oder mit den öffentlichen Verkehrsmitteln fällt weg, und du hast keine Probleme mit der Fahrkarte für die Durch- und Weiterfahrt. (Siehe S. 99.)

Wenn du dich für die Reise im eigenen oder gemieteten Auto entschieden hast, solltest du dich eingehend bei deinem Automobil-Club erkundigen. Dort bekommst du allerlei Tips über Führerschein-Vorschriften, internationale Verkehrszeichen, Versicherungen, Reparaturmöglichkeiten (Händler- und Werkstätten-Adressen) bis hin zum Zustand der Straßen. Du erfährst, was für Ersatzteile du mitnehmen solltest und erhältst dort auch Straßenkarten. Man informiert dich dort außerdem über Carnets, das sind sozusagen die "Personalpapiere" deines Autos, die du bei der Einreise in vielen Ländern brauchst. Sie werden bei der Ein- und Ausreise gestempelt. Damit schützen sich die Behörden gegen den illegalen, zollfreien Verkauf von Autos.

Es gibt aber auch ein paar hilfreiche Tricks, von denen du bei den Automobil-Clubs wahrscheinlich nichts hören wirst. So könntest du unterwegs vielleicht ein Stück Stoff brauchen, um den Dreck aus dem Benzin herauszufiltern, das aus Fässern verkauft wird. Wenn du in einer verlassenen Wüstenlandschaft mit streikendem Motor liegenbleibst, ist es zu spät dafür. Vergewissere dich beim Tanken, daß der Zähler der Zapfsäule auf Null steht. Laß nie zwei Burschen an beiden Seiten deines Wagens arbeiten, wenn du nicht sehen kannst,

was die da tun. Solltest du dein Auto in eine Reparaturwerkstatt bringen müssen, dann mach den Leuten dort
klar, daß du genau weißt, wieviel Benzin noch im Tank
deines Wagens ist. In dem Fall werden die sich nicht
trauen, Benzin abzuzapfen. In manchen Ländern pflegt
die Polizei die Nummernschilder von falsch geparkten
Autos abzuschrauben. In Griechenland greift die Polizei zum Beispiel auch dann zu so drastischen Mitteln,
wenn du wegen Schnellfahrens zu einer Geldstrafe und
einem zeitlich begrenzten Entzug des Führerscheins
verurteilt worden bist. Durch das Entfernen der Nummernschilder will sie verhindern, daß du trotzdem
fährst. Ich kenne einige Leute, die solchen rauhen
Polizeisitten dadurch zuvorgekommen sind, daß sie die
Nummernschilder an ihr Auto anschweißen ließen.
Erkundige dich auch rechtzeitig, wie lange du mit
deinem Auto überhaupt in dem betreffenden Land
bleiben darfst. Da gibt es unterschiedliche Bestimmungen.

Bei weiten Reisen kommst du manchmal nicht darum
herum, dein Auto zu verschiffen. Manche Länder, wie
etwa Birma und der Sudan, erlauben die Ein- oder
Durchreise mit dem Auto nicht. Hier bist du zu einem
Schiffstransport gezwungen, was dich sehr teuer kommen kann. Entweder du zahlst dann mit zusammenge-
bissenen Zähnen – oder du brichst deine Reise ab.

Ein Mann, der mich mal im Sudan mitnahm, mußte
100 Dollar dafür zahlen, daß sein Landrover mit der
Fähre über den Lake Nasser transportiert wurde. Es
hätte nochmals 100 Dollar gekostet, wenn er den Wagen

per Bahn durch die Nubische Wüste nach Khartum geschickt hätte. So entschied er sich dafür, selbst zu fahren, aber die Grenzer verweigerten ihm die Genehmigung. Nachdem wir drei Tage lang in Wadi Halfa gewartet hatten – das übrigens der Brutplatz für etwa zwei Drittel aller Fliegen dieser Erdkugel sein muß –, schlichen wir uns an einem Spätnachmittag davon. Wir brauchten vier heiße, staubige Tage und zwei Reifen, um die 600 Kilometer durch die gottverlassene Wüste zu bewältigen. In der Hauptstadt erfuhren wir, daß die Straßen nach Äthiopien, Zaire und Uganda gesperrt waren. Meinem Fahrer blieben nur drei Möglichkeiten: zurück zu jenen Grenzern und dann nach Ägypten, acht Tage lang quer durchs Land durch Kenia oder für einen erschreckend hohen Preis die Fähre von Port Sudan (am Roten Meer) aus zu nehmen. Alle drei Möglichkeiten waren so entsetzlich, daß ich mich nicht gewundert hätte, wenn er die vierte Möglichkeit gewählt und sich erschossen hätte. Wie er sich dann entschieden hat, habe ich nie erfahren. Ein anderer, der versucht hatte, ohne Erlaubnis durch die Libysche Wüste zu fahren, wurde von zwei Panzern „zurückbegleitet", die ihm mit ihren Geschützen den Weg wiesen.

Es wäre nicht schlecht, wenn du kleine Reparaturen, vor allem die gängigsten, selbst ausführen könntest oder zumindest mit jemandem reisen würdest, der davon etwas versteht. Denn oft liegen die Tankstellen oder Reparaturwerkstätten sehr weit auseinander. Normale Werkstätten sind meistens billiger als solche, die auch mit Neuwagen handeln. Ersatzteile, falls man sie überhaupt bekommt, sind sehr teuer. Bei einem Totalschaden mußt du die Sache schnell in der Hauptstadt regeln oder aber, wenn's gar nicht anders geht, den Karren im Niemandsland zwischen den Grenzen als Müll ablagern.

Benütze auf alle Fälle einen robusten Wagen und laß den technisch komplizierten zu Hause. Die Straßen sind schlecht, und einfache Mechaniker wissen über ein automatisches Getriebe oft so viel wie über Mondraketen. In Südamerika gibt es Straßen, auf denen so viel passiert, daß die Busunternehmer für ihre Passagiere Lebensversicherungen abschließen. Manche Straßen sind drei Tage nur in der einen Richtung geöffnet, die nächsten drei Tage dann in der entgegengesetzten Richtung. Am Sonntag dürfen sie wahrscheinlich nur von Lamas benützt werden, vermute ich.

Während der Regenzeit sind viele Straßen sowieso nahezu unpassierbar. Glaub nicht, daß du durch Schilder rechtzeitig vor Schlaglöchern, Lawinen oder eingestürzten Tunnels gewarnt wirst! In Guatemala brachte ein Freund einmal sein Auto gerade noch zwei Meter von einer eingestürzten Brücke zum Stehen. Dahinter ging es schwindelerregende 25 Meter steil hinunter in einen Fluß. In solchen Gegenden scheinen die Lastwagenfahrer immer dann einzuschlafen, wenn sie sich mitten auf der Straße befinden, direkt unterhalb einer Hügelkuppe. Dort ist wohl ein Mann erst dann ein Mann, wenn er es schafft, nachts einen drei Meter breiten Bergpaß mit ausgeschalteten Scheinwerfern zu überqueren. Die Kühe lieben es geradezu, auf Autobah-

nen zu „grasen". Und Straßenbau-Ingenieure haben in vielen schlaflosen Nächten herausgefunden, daß die Spitze eines steilen Hügels der beste Platz für eine Haarnadelkurve ist. Dir dürfte wohl klar sein, daß die einheimischen Autolenker mit solchen Hindernissen weitaus besser fertig werden als du, oder?

Wenn du dein Auto verkaufen willst, dann nimm die entsprechenden Papiere mit. Manchmal kannst du den Verkauf auf legalem Wege schaffen, manchmal mußt du allerdings ein paar „Tricks" anwenden. Ich kenne Leute, die haben ihr Auto einfach an einheimische Beamte oder „hohe Tiere" verkauft, die wissen, wie man die Gesetze umgeht. In Ländern, in denen man kein Carnet braucht, haben manche, bevor sie ohne

Auto ausreisten, den Stempel im Paß mit Zitronensaft oder Salzwasser entfernt, sich einen neuen Paß ausstellen lassen oder aber die Grenzer bestochen. Ganz „coole" Typen reisen ohne Auto, aber mit dem Stempel im Paß aus, und hoffen, daß der Zollbeamte ihn ganz einfach übersieht. Mir wäre das allerdings zu riskant. Wenn du dein Auto auf legalem Wege an den Mann bringen willst, mußt du dich genau nach allen Bestimmungen erkundigen, damit du hinterher nicht der Angeschmierte bist. In manchen Staaten ist es schon gesetzwidrig, nur das Schild mit dem Verkaufsangebot am Auto anzubringen.

Natürlich kannst du unterwegs auch ein Auto mieten. Allerdings muß man für Leihwagen oft eine saftige Kaution hinterlegen. Mietwagen sind in Städten meist billiger als an den Flughäfen. Erkundige dich eingehend, mit welchen Kosten du da insgesamt rechnen mußt.

Es ist durchaus ratsam (und billiger), sich in den verschiedenen Ländern an die Verkehrsvorschriften zu halten, wenn es auch manchmal schwerfällt. Was die griechische Polizei sich da gelegentlich einfallen läßt, habe ich ja schon erzählt. Trunkenheit am Steuer kann dir zum Beispiel in Finnland bis zu drei Monaten Gefängnis einbringen. Wenn man in italienischen Ortschaften 25 km/h schneller fährt als erlaubt, ist man plötzlich um 1300 Mark ärmer. Führerscheinentzug und Fahrverbote werden oft auch gegenüber Ausländern ausgesprochen. Dabei werden die Dokumente für die Dauer des „Entzugs", längstens aber bis zum Tag der Ausreise, sichergestellt und mit einer entsprechenden Eintragung versehen.

Bevor du mit deinem Auto von Deutschland aus in die Welt hinausfährst, solltest du dir bei deiner Versicherung die grüne Versicherungskarte oder die Internationale Versicherungskarte besorgen. Bei Reisen in Länder, in denen die Pflichtversicherungssumme deutlich niedriger ist als bei uns, sollte man auf alle Fälle eine Voll- oder Teilkaskoversicherung abschließen.

Nicht zu verachten ist auch eine Rechtsschutzversicherung. Im Ausland seine Schadenersatzforderungen durchzusetzen, kostet meist Nerven und Zeit, und wenn man in Bußgeld- oder Strafverfahren verwickelt wird, braucht man in vielen Ländern einen einheimischen Rechtsanwalt. Um seine Rechtsschutzversicherung nachweisen zu können, muß man zumindest eine Kopie der Beitragszahlung oder des Versicherungsscheines dabeihaben. Diese Rechtsschutzversicherungen gelten in allen europäischen Ländern, in Osteuropa sowie in den afrikanischen und asiatischen Anliegerstaaten am Mittelmeer. Empfehlenswert ist auch der Erwerb eines sogenannten Schutzbriefes (Pannenhilfe, Abschleppen, Übersendung von Ersatzteilen, Rückholung etc.).

Noch ein paar Tips, wie du dich bei Unfällen im Ausland verhalten sollst. Bei Totalschäden entscheidet in den meisten Ländern die Zollbehörde, ob man für den Schrott Zoll zahlen muß. Bei Unfällen in Ostblockstaaten, auch in der DDR und besonders in Jugoslawien, soll man auf jeden Fall die Polizei holen, nie irgend etwas selbständig mit dem „Gegner" regeln. Bei Schäden in Frankreich sollte man einen Sachverständigen hinzuziehen. Sind bei dem Unfall Personen verletzt worden, droht in Griechenland, Jugoslawien und Spanien die Festnahme. In Rumänien und in der CSSR dürfen Autos mit auffälligen Karosserieschäden nur dann das Land verlassen, wenn man eine polizeiliche Schadensbestätigung hat. Reist man mit einem derartigen Schaden schon in das Land ein, sollte man sich an der Grenze eine entsprechende Bescheinigung ausstellen lassen.

Noch zum Thema Alkohol: Mit mehr als 0,8 Promille darfst du dich in keinem europäischen Land erwischen lassen. In Finnland, Island, Jugoslawien, Holland, Norwegen und Schweden sind es sogar nur 0,5 Promille. Italien und Portugal haben keine verbindliche Promille-Grenze, bei Alkoholeinwirkung gibt es aber Strafen. In Polen gelten 0,2 Promille, in den anderen Ostblockstaaten und in der Türkei darf man als Autofahrer überhaupt keinen Tropfen Alkohol zu sich nehmen.

Frachtflugzeuge

Wenn man schnell und billig reisen will, sind Frachtflugzeuge kaum zu schlagen. Sie fliegen überall auf der Welt Flughäfen an. Manchmal erwischst du allerdings ein solches Flugzeug eher auf einem abgelegenen Behelfslandeplatz als auf einem Großflughafen. Es gibt zwar weder Kaffee noch Tee an Bord, dafür kann man mit dem Piloten einen heben. Begriffe wie Erste Klasse oder Touristenklasse kannst du vergessen. Das Flugzeug ist vollgestopft mit Kisten oder Maschinenteilen. Ängstlichen Seelen würde ich einen solchen Flug nicht unbedingt empfehlen. In den meisten Ländern der Dritten Welt haben nämlich Frachtflugzeuge und

Sicherheit nichts miteinander zu schaffen. Du mußt auf Gott vertrauen, nicht auf den Kopiloten . . . meistens ist auch gar keiner vorhanden. Es sei denn, du verstehst selbst etwas vom Fliegen.

Lebhaft in Erinnerung geblieben ist mir ein Flug mit einer DC-4, der schon recht unheilvoll an einem dunstigen Nachmittag im kolumbianischen Amazonasgebiet begann. Der Pilot machte einen recht zuverlässigen Eindruck, aber mich beschlich ein ungutes Gefühl, als einer der Motoren gleich beim Start in Flammen aufging. Zum Glück rannte ein Mann zu uns heraus auf die Rollbahn und erstickte das Feuer mit einem Handfeuerlöscher.

Danach rollte das Flugzeug die Piste hinunter. Nur drei Motoren arbeiteten. Vor uns lagen einige sehr hohe Bergrücken, und wir hätten gut die höchste Schubkraft brauchen können. Das Flugzeug zockelte irgendwie schief dahin, und der tote Propeller drehte sich wie eine Windmühle. Die Bäume kamen immer näher, die Maschine hüpfte, versuchte abzuheben. Der Pilot trat mit aller Kraft auf die Bremsen und brachte das Ding ein paar Zentimeter vor den Bäumen zum Stehen. Dann drehte er seelenruhig das Flugzeug und startete gegen den leichten Wind.

Sobald wir in der Luft waren, ging ich ins Cockpit zum Piloten, der sich gerade einen einheimischen Schnaps in die Kehle schüttete. Mit ihm zu trinken, würde eine doppelte Wirkung haben: Ich könnte vielleicht meine schreckliche Angst dämpfen, und er hätte weniger zu saufen. All das ging mir durch den Kopf, als ich den Rest der ersten Flasche leerte. Das beeindruckte den Piloten nicht im geringsten. Ohne sich groß um sein Flugzeug zu kümmern, drehte sich Señor Kapitän in seinem Sitz herum und wühlte in seinem Koffer, der ganz zufällig dicht neben ihm stand. Schließlich fand er, was er suchte: eine noch ungeöffnete Flasche mit einer scheußlich aussehenden Flüssigkeit.

„Schmuggelware!" grinste er.

Er zog den Korken mit seinen Zähnen heraus, wie er es vielleicht ein dutzendmal bei Clint Eastwood gesehen hatte. Obwohl ich schon ziemlich angetrunken war, konnte ich das gräßliche Zeug bis zu meinem Sitz riechen. Er hatte mich geschafft. Ich brachte keinen einzigen Schluck mehr runter, ließ ihn dort vorne sitzen und schwankte nach hinten, um mich auf einem Sack mit getrocknetem Fisch auszuschlafen.

Einige Zeit später wachte ich auf und ging wieder nach vorn. Zu meiner größten Überraschung war der Pilot wach und flog. Da bemerkte ich ein Knäuel von ausgebrannten Drähten, das aus den Instrumenten heraushing. „Ist das gerade erst passiert?" fragte ich entgeistert.

„Nein", antwortete er trocken.

„Welche Funktion haben denn die Drähte?"

„Weiß ich nicht", sagte der Pilot, „die sind schon immer kaputt."

Ich legte mich wieder hinten hin. Es blieb mir ja nichts andres übrig. Zum Glück habe ich die Sache überlebt, sonst könnte ich ja kaum davon erzählen.

Um solch zweifelhafte Abenteuer zu vermeiden, solltest du dir den Piloten vor dem Abflug auf dem Flugfeld gut ansehen und dich auch im Büro des Unternehmens erkundigen. Gelegentlich gibt es Gesetze, die eine Mitnahme von Passagieren in Fracht-flugzeugen verbieten, aber mit ein bißchen Beredsamkeit kannst du die Leute wahrscheinlich dazu bringen, ein Auge zuzudrücken und dich trotzdem an Bord zu nehmen. Gib nicht gleich auf, wenn du vom Flugbüro abgewiesen wirst. Geh aufs Flugfeld hinaus und versuche, trotzdem mitgenommen zu werden. Mit einigem Glück kann man in Südamerika sogar einen Freiflug in einer Militärmaschine ergattern. Die größten Chancen haben hier natürlich – wie immer – schöne Mädchen.

Charterflüge

In den USA wird man normalerweise nur dann bei Charterflügen mitgenommen, wenn man einer bestimmten Organisation angehört, die allerdings oft nur auf dem Papier steht.

Bei uns in der Bundesrepublik bieten viele Touristik-Unternehmen und Reisebüros Charterflüge an. Nicht selten sind diese Pauschal-Urlaubsangebote billiger als die billigsten Lufttransporte. Vor allem dann, wenn man einen sogenannten Wegwerf-Flug bucht, bei dem das Hotel nur pro forma auf dem Ticket steht. Bei Pauschalreisen in außereuropäische Länder lohnt es sich meist, über London zu fliegen.

Billigst-Pauschalreisen werden oft von cleveren, kleinen Reisebüros offeriert. Höre dich um, lies die Anzeigen in Zeitungen und einschlägigen Zeitschriften und forste die Branchenverzeichnisse größerer Städte durch.

Planmäßige Fluglinien

Für einen Linienflug mußt du unter Umständen die ganz großen Scheine lockermachen. Ich gebe dir trotzdem ein paar Tips, die dir helfen werden, wenigstens ein paar Scheine zu sparen. Flieg nicht unbedingt mit den „feineren" Fluggesellschaften, die dem Luftverkehrsverband IATA (International Air Transport Association) angeschlossen sind – und das sind die meisten. Schau dich besser bei den „Außenseitern" der Branche um, wie zum Beispiel Icelandic, Korean Airlines oder Aerocondor (Kolumbien). Es gibt aber auch noch eine ganze Reihe anderer solcher Billig-Linien. Es lohnt sich, sich umzuhören.

Erkundige dich außerdem nach Fluglinien, die Ermäßigungen für Jugendliche und Studenten anbieten, wie die Thai International. Superbillige Flüge nach Südamerika verkaufen zum Beispiel die Studentenreisedienste (nicht nur für Studenten) und einige Reiseveranstalter. Andere Gesellschaften geben an Journalisten oder

Geistliche billigere Flugkarten ab. Ich kenne Leute, die haben sich die entsprechenden Ausweise hintenherum verschafft und dadurch einiges gespart.

Normale Linienflüge mit IATA-Gesellschaften sind zwar nicht gerade billig, haben aber auch ihre Vorteile. So gilt ein Normalticket ein Jahr, und das Reisedatum kann vom Inhaber des Flugscheins beliebig oft verschoben werden. Nicht benutzte Billetts werden anstandslos ersetzt, und die Annullierung von bereits vorgenommenen Reservierungen kostet keinen Pfennig. Es lohnt sich durchaus, auch die Preise der IATA-Linien kritisch zu studieren. Sie bieten nicht nur für Jugendliche interessante Sondertarife an. Unter anderem gibt es da auch stark verbilligte Nacht- und Wochenendflüge.

Gelegentlich kann man auch mit staatseigenen Fluglinien – wie etwa der Satena in Kolumbien – recht preiswert fliegen. Und manchmal machen es selbst die seriösen Agenturen unter gewissen Voraussetzungen billiger als üblich. Ein Freund klapperte einmal in Nairobi alle Reiseagenturen ab und erwischte dann einen Flug nach Neu-Delhi mit Zwischenlandung in Kairo für den unglaublichen Preis von 150 Dollar. Ich bezahlte nahezu das gleiche für eine Fahrt mit dem Schiff, die zwei Wochen dauerte. Wenigstens habe ich dabei gelernt, wie man Bridge spielt.

Die Inlandsflüge sind immer billiger als die internationalen Flüge, und manchmal macht es sich bezahlt, von seiner vorgesehenen Route abzuweichen, um mit Inlandslinien zu fliegen. Frage rechtzeitig nach Zwischenlandungen oder Aufenthalten, die entweder umsonst sind oder die man für einen kleinen Aufschlag zusätzlich erhalten kann. Ein Stopp in Panama City auf der Strecke von Miami nach Costa Rica kostet nur ein paar Dollar mehr, und bei der Fluggesellschaft von Costa Rica bekommt man einen kostenlosen Zwischenaufenthalt auf den Cayman-Inseln, einem Paradies für Taucher.

Als Flugpassagier hat man's normalerweise sehr bequem. Allerdings können einem die Fluggesellschaften auch einige Unannehmlichkeiten bereiten, die man nicht einfach klaglos hinnehmen sollte. Wenn du zum Beispiel von einem Flug gestrichen wirst, für den du eine bestätigte Buchung vorweisen kannst, hast du Anspruch auf Entschädigung. 1976 wurde der bekannte amerikanische Rechtsanwalt Ralph Nader, ein Spezialist für Verbraucherfragen, von der Flugliste gestrichen, weil die Allegheny Airlines 107 Plätze für eine Maschine mit nur 100 Plätzen verkauft hatte. Das Gericht sprach ihm 25 000 Dollar Schadenersatz zu. Passiert dir so etwas zum Beispiel bei einem inneramerikanischen Flug, ist die Gesellschaft verpflichtet, dir den doppelten Preis des Tickets auszuzahlen. Die Fluggesellschaft braucht dir nur dann nichts zu bezahlen, wenn sie dir einen anderen Flug verschaffen kann, bei dem du mit höchstens zweistündiger Verspätung an deinem Bestimmungsort bist.

Das gilt nur, wenn überbucht wurde. Aber ganz gleich, was der Grund für die Verzögerung ist, die Gesellschaft muß dir den nächsten verfügbaren Flug geben und dir alle Ausgaben erstatten, die in der

Zwischenzeit anfallen. Wenn du deshalb eine Mahlzeit auf einer IATA-Maschine versäumst, kannst du sogar einen Bon verlangen, der im Flughafen-Restaurant eingelöst werden kann.

Wenn dein Gepäck verlorengeht oder beschädigt wird, mußt du das entsprechende Formular ausfüllen. Verlange, daß man dir die Kosten für Anschaffungen, die du sofort benötigst, wie Kleidung und Toilettensachen, auf der Stelle ersetzt. Bei internationalen Flügen ist das Gepäck im allgemeinen bis zu 750 Dollar versichert, falls es bereits eingecheckt wurde. Für nicht entgegengenommenes Gepäck gibt es keine Haftung.

Laß dich auf keinen Fall ins Bockshorn jagen. Verlange den Manager zu sprechen, wenn irgendwelche Probleme entstehen. Sicheres Auftreten und der Hinweis, sich bei den Vorgesetzten zu beschweren, veranlassen oft schon einen Angestellten, deinen Wünschen nachzukommen.

Auf einem Flug von Bangkok nach San Francisco mußte ich wegen Maschinenschadens eine Nacht in Hongkong verbringen. Die Gesellschaft bezahlte natürlich das Hotel, weigerte sich aber am nächsten Morgen, die Abflug-Gebühr zu ersetzen. Ich schaffte es schließlich durch Beharrlichkeit, daß die Leute nachgaben. Aber soviel ich weiß, war ich der einzige Passagier, dem das gelang. Die anderen schimpften nur, zahlten aber brav.

Kaufe dein Ticket nicht zu lange im voraus, es sei denn, du bekommst deshalb eine Ermäßigung. Es ist besser, flexibel zu bleiben. Wenn möglich, sollte man die Tickets auch immer direkt bei den betreffenden Fluglinien kaufen. Das ist besonders wichtig, wenn man ein Flugticket zurückgeben und sein Geld wieder kassieren will. Ich betone das deshalb, weil viele Länder dazu übergegangen sind, von Reisenden, wie wir es sind, Tickets für den Weiterflug oder die Weiterfahrt aus dem Land heraus zu verlangen, ehe sie uns einreisen lassen. Wenn man dann doch dableiben will oder sich für eine andere Richtung entscheidet, hat man ein teures Ticket am Hals, das einem keiner ersetzt. (Siehe S. 99.)

Notier dir die Nummer deines Tickets für den Fall, daß du es verlierst. Manche Gesellschaften ersetzen dir das verlorene Ticket sofort, andere erst dann, wenn es abgelaufen ist. Gewöhnlich dauert das ein Jahr. Wenn ein anderer dein Ticket findet und benützt, bist du der Dumme.

Bestimmt hast du eine Menge Fragen auf Lager, wenn du so eine Flugreise antrittst. Die Angestellten an den Flughafenschaltern sprechen gewöhnlich Englisch und sind eine erstklassige Quelle für alle möglichen Informationen. Manche ihrer Tips sind allerdings mit Vorsicht zu genießen.

In Kolumbien wollten einige Freunde und ich einmal nach Leticia, einer kleinen Stadt im Amazonasgebiet. In Medellin erfuhren wir, daß der Flughafen von Leticia wegen Reparaturarbeiten geschlossen war und die Satena, die billige – regierungseigene – Linie, nicht flog. Die Fluglinie Avianca flog jedoch zu einem ganz in der Nähe gelegenen Flugplatz. Wir meinten, die Maschine in Avianca sei ausgebucht, weil sie ja alle Satena-

Passagiere aufnahm und außerdem ein Festival in Leticia stattfand. Aber wir glaubten dem Angestellten, der uns sagte, er könne zwar keine Buchung hier von Medellin aus tätigen, aber wir würden sie sicher in Bogota bekommen. Drei Tage später sagte man uns in Bogota, wir müßten mindestens zwei Wochen warten. Am Ende machten wir einen Umweg von ein paar tausend Kilometern, um über Lima in Peru nach Leticia zu gelangen. Ein Anruf von Medellin nach Bogota hätte uns beträchtliche Zeit, viel Geld und Mühe erspart. Zu allem Unglück fanden wir später noch heraus, daß die Frachtflugzeuge sehr wohl nach Leticia flogen und daß sie sehr viel Platz für Passagiere gehabt hätten. Aber zu dieser Zeit hatten wir noch keine Ahnung davon, daß man auch von Frachtflugzeugen mitgenommen wird. Wir wußten auch nicht, daß wir auf dem El-Dorado-Flughafen von Bogota (der übrigens die Hochburg aller Diebe dieser Welt zu sein scheint, mit mehr Gaunern auf einem Quadratmeter als in den meisten Gefängnissen) leicht einen Flug bekommen hätten, weil es dort immer kurzfristige Absagen gab. Diese Unwissenheit plus unser Fehler, nicht beharrlich genug gefragt zu haben, kostete uns drei Wochen Zeit und Hunderte von Dollar.

Wenn du auf einem Flughafen angekommen bist, solltest du keinesfalls dein Geld für ein Taxi verschwenden. Fast alle Flugplätze haben einen Bus-Service und werden von lokalen Buslinien angefahren. Oft wird man von jemandem im Auto mitgenommen, der einen Freund oder Verwandten abholt.

Globetrotter-Spezial: Flugpreise

Mit den Flugpreis-Tabellen kommen normale Sterbliche ebensowenig zurecht wie mit den Steuergesetzen. Das Teuflische daran ist: Hat man endlich begriffen, worum es da eigentlich geht, dann werden sie auch schon wieder geändert. Außerdem gibt es im Flugverkehr neben Hunderten von Sondertarifen auch noch sehr starke saisonale Preisschwankungen. Der Dschungel der Ermäßigungen ist selbst bei den IATA-Linien beinahe undurchdringlich. So gibt es die Ermäßigungen für Jugendliche manchmal bis zum 26. und manchmal nur bis zum 22. Lebensjahr – aber nicht auf allen Strecken.

Es hat also keinen Sinn, hier näher auf die Flugpreise einzugehen. Wenn du diese Zeilen liest, wäre all das schon längst überholt. Halte dich besser an meinen Grundsatz: fragen, fragen und noch mal fragen.

Ein Platz zum Schlafen
findet sich überall

Vom Hotel bis zum nepalesischen Teehaus

Hotels

Der am leichtesten zu findende, aber auch teuerste Platz
zum Übernachten ist ein Hotel. Wenn du um die
modernen Hotelburgen einen weiten Bogen machst,
kannst du einiges sparen. Kleine billige Hotels liegen oft
in der Nähe von Busstationen oder Bahnhöfen, oder du
läßt dir welche von Einheimischen oder anderen Reisenden empfehlen. Dein Informant sollte aber auch
wirklich begreifen, daß du billig meinst, wenn du billig
sagst. Denn viele Einheimische glauben, Fremde wollen
immer nur in Palästen übernachten.

Die billigen Hotels und Pensionen sind meistens
überraschend sauber, aber scheu dich dennoch nicht,
um frische Bettwäsche zu bitten, wenn dir das nötig
erscheint. Selbst wenn du in eine Spelunke geraten
solltest, ist das halb so schlimm, denn schließlich willst
du ja sicher nicht die ganze Zeit in deinem Zimmer
hocken.

Häufig sind gerade jene „Hotels", die man schlicht-
weg als Bordelle bezeichnen könnte, am preiswertesten.
In Panama gingen einmal zwei Freunde und ich getrennt

auf die Suche nach dem billigsten Hotel. Wir fanden kein Zimmer unter fünf Dollar, aber plötzlich stieß ich auf ein Hotel, das viel komfortabler war als die anderen, wo man aber dennoch nur anderthalb Dollar verlangte. Ich hatte ein eigenes Badezimmer und ein schönes großes Bett, sauber bezogen. Ich sagte dem Besitzer, daß ich gleich zurückkäme und rannte hinaus, um meine Freunde zu verständigen. Einer von ihnen, wahr-

scheinlich der mißtrauischste, fragte dann nochmals beim Besitzer dieses überaus billigen und erstklassig ausgestatteten Hotels nach: „Kostet es bestimmt auch nur anderthalb Dollar pro Nacht?"

„Die Nacht? Verdammt!" antwortete der. „Sie haben zwanzig Minuten!"

Erkundige dich in den Hotels, ob du für warmes Wasser extra bezahlen mußt oder ob bei kaltem Wetter Decken zur Verfügung stehen. Wertsachen solltest du immer im Safe deponieren.

Gib nie deinen Paß dem Hotelbesitzer zur Aufbewahrung. Wenn das Dokument verlorengeht oder gestohlen wird, kann er sich zwar entschuldigen oder dir Geld anbieten, aber das wiegt wohl kaum die Unannehmlichkeiten auf, die du im Falle eines Verlustes haben wirst. Wenn er keinen sicheren Safe hat, laß ihn die notwendigen Angaben abschreiben und zahle im voraus, wenn er unbedingt darauf besteht. Ein Reisepaß ist eine fast zu hohe Sicherheitsleistung für ein Zimmer.

Jugendherbergen

Die Alternative zum billigen Hotel ist die Jugendherberge. In Europa und in Japan findet man kaum ein billigeres Zimmer, aber in den weniger entwickelten Ländern gibt es überall weitaus preiswertere Quartiere. Sicher, in den 4350 Jugendherbergen rund um den Erdball kann man billig und sauber wohnen und preiswert und ganz anständig essen, aber einiges andere gefällt mir da doch nicht. In vielen Jugendherbergen muß man in nach Geschlechtern getrennten Räumen schlafen, was ich noch verstehen kann. Aber man muß sich bis nach 15 Uhr oder spätestens 17 Uhr anmelden und eintragen, muß um 22 Uhr im Bett liegen und die

Herberge am nächsten Vormittag bis neun Uhr verlassen. Man darf nicht älter als 30 Jahre sein, muß einen Jugendherbergsausweis vorweisen, darf keinen Tropfen Alkohol trinken, und man kann nicht länger als höchstens fünf Tage bleiben. Weil man zusammen mit Fremden in unverschlossenen Räumen lebt, sind Diebstähle fast an der Tagesordnung.

Andere Möglichkeiten

Versuch einmal, ganz auf die Hotels zu verzichten, und du wirst erfahren, wieviel aufregender das ist! An Grenzen kann man sogar umsonst in Militärunterkünften übernachten. Du kannst auch versuchen, mal in Klöstern, Gefängnissen oder Polizeistationen unterzukommen. Es lohnt sich, hin und wieder mit Polizisten einen Schwatz abzuhalten. Das bringt dich vielleicht auf die eine oder andere Idee. Polizisten sind gewöhnlich recht freundlich, sie können dir Mitfahrgelegenheiten verschaffen oder einen Platz zum Übernachten.

Als ich noch nicht unterwegs war und noch eine Wohnung hatte, habe ich immer wieder andere Leute aufgenommen, die auf Reisen waren. Von ihnen bekam ich nicht nur interessante Geschichten zu hören, ich erfuhr auch viel Wissenswertes über Gegenden und Orte, die ich mal besuchen wollte. Wenn ich dann unterwegs war, habe ich es nie versäumt, die Freunde meiner Freunde aufzusuchen. Schließlich kennen sie ihr Land und konnten mir so die besten Tips geben. Auch in Universitäten findet man bisweilen Übernachtungs-

und Wohnmöglichkeiten. Ich habe mir auch immer eine Liste jener früheren Absolventen meines Colleges mitgenommen, die jetzt irgendwo in fremden Ländern arbeiten. Sie halfen mir gerne weiter und waren natürlich begierig zu hören, was sich zu Hause so tut.

Besonders wertvoll sind die Informationen, die einem im Ausland lebende Landsleute geben können.

Diese Menschen sind sehr entgegenkommend. Auch die Lehrer an internationalen Schulen nehmen einen oft gerne auf. Selbst Missionare gehören in die Kategorie jener, von denen man sich helfen lassen sollte – das heißt allerdings nur dann, wenn sie dich nicht genauso bekehren wollen wie die Eingeborenen.

Wenn man bei einer Familie unterkommt, lernt man ungeheuer viel über Land und Leute. In manchen Gegenden ist es ein richtiges Statussymbol, fremde Reisende zu beherbergen. Man gibt damit sozusagen dem Gastgeber das angenehme Gefühl, etwas Gutes getan zu haben. Denk immer daran, daß du ohne weiteres jemanden bitten kannst, dich für ein Weilchen aufzunehmen, denn im umgekehrten Fall würdest du doch auch ohne zu zögern deine Gastfreundschaft anbieten – oder nicht?

Für richtige Abenteuer-Reisende kommen praktisch alle Arten von Schlafgelegenheiten in Frage. Ich habe in Nepal in Teehäusern und in Klöstern gewohnt, in den Dünen der Sahara ebenso wie in privaten Skihütten übernachtet, in indischen Badehäusern und im freien Matratzenraum eines Luxushotels geschlafen und in einem baskischen Bauernhaus in den Pyrenäen, das im Jahr 1620 erbaut wurde, eine unvergeßliche Nacht verbracht. Aber natürlich gibt es auch Plätze, um die man besser einen Bogen machen sollte. Einmal am Strand von Torremolinos in Spanien und ein andres Mal oben auf der großen Pyramide in Chichen Itza wiesen mir Gewehrläufe unmißverständlich eine passendere Bleibe zu.

Wenn man einen Bauern fragt, ob man irgendwo auf seinem Gelände übernachten darf, wird er einen meistens zu einer Mahlzeit einladen. Beim Aufwachen am Morgen wird dich vielleicht als erstes eine friedlich grasende Kuh begrüßen. Bauplätze oder halbfertige Neubauten in kleineren Städten oder in den Randgebieten größerer Städte sind auch ganz angenehme Nacht-quartiere, wenn sie nicht gerade von großen Hunden bewacht werden.

In kleinen Stranddörfern steht nicht selten eine Hütte leer, in der du umsonst übernachten kannst. In einem idyllischen Fischerdorf in der Karibik wurden meine Freunde und ich mit herzlicher Gastfreundschaft aufge-nommen. Wir fuhren jeden Morgen hinaus aufs Meer und fingen die Fische für das ganze Dorf. So konnten die Männer ihren gesamten Fang auf dem nahen Markt verkaufen. Wenn wir vom Fischfang zurückkamen, kochten uns die Frauen das Mittagessen und dann verbrachten wir den ganzen Nachmittag damit, auf Kokospalmen zu klettern, mit den Kindern zu spielen und den Sonnenuntergang zu beobachten. Nach einem hervorragenden Fisch-Abendessen wurden wir mit Bier bewirtet und mit faszinierenden Geschichten von Pira-ten und versunkenen Schätzen unterhalten, bis es Zeit war, schlafen zu gehen. Das war ein wirklich prachtvol-les Leben.

An vielen Stränden gibt es kleine Restaurants und Snackbars. Freundliche Besitzer bereiten dir da auch schon mal den von dir gefangenen Fisch zu und erlau-ben dir, dein Gepäck irgendwo in einem Hinterzimmer abzustellen und dich bei einem plötzlichen Regenguß auf die Veranda zu flüchten.

Falls du an einem Ort einen Monat oder länger bleiben willst, dürfte es billiger sein, ein Haus zu mieten. In Süd-Thailand, wo ein einfaches Hotel einen Dollar pro Nacht kostet, fand ich eine Bleibe für 30

Dollar pro Monat, einschließlich aller Mahlzeiten. Solche Möglichkeiten werden oft in den Lokalzeitungen angeboten oder auch an den Schwarzen Brettern der Universitäten.

Irgendwo länger zu bleiben, verschafft dir nicht nur eine willkommene Atempause, sondern gibt dir auch einen viel tieferen Einblick in die dortige Lebensweise und Kultur. Warum sollten wir nicht von den Indianern in den Bergen von Guatemala die Webkunst erlernen oder uns die Batiktechnik von Indonesiern in Djakarta zeigen lassen? Man kann von einem Guru in Indien lernen oder von einem Archäologen in Israel. Kannst du ein Iglu bauen? Oder Stiefel aus Rentierfellen anfertigen? Irgendwo jenseits des Polarkreises warten schon Menschen auf dich, die dir all das beibringen können.

Globetrotter-Spezial:
Auf Kokospalmen klettern

Auf Kokospalmen zu klettern, ist leichter als man denkt. Man nimmt einfach einen Streifen grobe Leinwand, legt ihn um den Stamm, befestigt ihn an den Füßen genau oberhalb der Knöchel und hangelt sich dann hinauf, indem man die Füße gegen den Baumstamm stemmt. An der rauhen Rinde haftet der Streifen genausogut wie die Füße. Da, wo es bei uns noch hölzerne Telefonmasten gibt, klettern die Arbeiter auf ähnliche Weise die Masten hinauf. Mit einem Messer schneidet man die Nüsse ab. Die Kronen der Palmen wimmeln gewöhnlich vor Ameisen, deshalb wird man vielleicht eine billige Machete benützen, um schnell an die Nüsse zu gelangen. Die Kokosnüsse kann man einfach auf den Boden fallen lassen, sie platzen nur selten dabei auf. Dann ein rascher Sprung in den Ozean, und du bist die Ameisen wieder los.

Schlafe aber niemals unter Kokospalmen, besonders nicht in einer stürmischen Nacht. Eine herabfallende Nuß kann eine ganz schöne Delle in ein Autodach hämmern. Stell dir mal vor, was für ein Loch das in deinem Kopf gäbe.

Globetrotter-Spezial: Vulkane

Wenn man mal einen nächtlichen Vulkanausbruch erlebt hat, kann man über die Lightshows in Discos und Rockschuppen nur noch lachen. Das höchste der Gefühle war für mich, den feuerspeienden Penelokan auf Bali zu beobachten. Was das Anschauen des Penelokan so ganz besonders genußvoll macht, ist die Tatsache, daß dort so an die tausend Meter vom Feuerschlund entfernt ein kleines Hotel existiert, das auf einer Klippe klebt. Eine ganze Nacht lang saßen Kay und ich auf der Hotelterrasse, schlürften Reiswein und beobachteten die glühenden Lavaströme, die am Berghang herunterliefen, während Explosionen mächtige Steine in die Nachtluft wirbelten. Am Morgen ist das Hotel dann immer von einer zentimeterhohen Ascheschicht bedeckt.

Die meisten Vulkane sind so berechenbar wie der Penelokan. Der Krakatau nahe bei Sumatra ist da sicher eine Ausnahme. Er explodierte 1883, die Erschütterungen waren bis Tokio zu spüren, und er schleuderte so viel Asche in die Stratosphäre, daß sich die Farbe des Sonnenuntergangs rund um die Welt drei Jahre lang veränderte. Im allgemeinen aber melden sich die Vulkanausbrüche rechtzeitig an.

Finanzen

Bargeld oder Schecks?

Mangel an Geld ist die Wurzel allen Übels, sagte einmal der größte irische Spötter, George Bernard Shaw.

Obwohl man nach meinen Erfahrungen mit ungefähr 1000 Dollar gut ein Jahr auskommen kann, solltest du doch immer eine Reserve für unvorhergesehene Ausgaben zur Hand haben, auch um das Geld an den Grenzen, wo man dies verlangt, vorzeigen zu können. Das bekannteste Zahlungsmittel ist weltweit noch immer der amerikanische Dollar. Er wird überall angenommen, aber andere Währungen, wie die deutsche Mark, der Schweizer Franken oder der japanische Yen, sind „härter" und somit nicht solchen Wertschwankungen unterworfen. Außerhalb der größeren Städte verliert man aber beim Umtausch anderer Währungen, beim Dollar passiert das nicht.

Denk auch immer daran, daß es die verschiedensten Devisenvorschriften gibt. So zum Beispiel in allen osteuropäischen Ländern und bei der Einreise nach Italien. Umtausch auf dem schwarzen Markt oder Devisenschmuggel kann dich teuer zu stehen kommen und dir die ganze Reise vermiesen.

Auch wenn du eine ausreichende Bargeld- und Scheckreserve bei dir hast, solltest du immer einen „Notgroschen" auf deinem heimatlichen Konto haben, auf den du in dringenden Fällen zurückgreifen kannst. Frage deine Bank, welche Zahlungsmittel in den eingeplanten Ländern für dich am günstigsten sind und wo du deine Schecks einlösen kannst. Erkundige dich auch nach dem schnellsten Überweisungsweg ins Ausland. Die Bundespost informiert dich über die Möglichkeiten, in 13 europäischen Ländern vom Postsparbuch Geld abzuheben. Weil man für die Mark im Ausland meistens mehr an Landeswährung bekommt als daheim, sollte man vor Reisebeginn nur einen kleinen Betrag einwechseln.

Besondere Vorsicht ist bei Reisen nach Osteuropa geboten. Zwar kann man beim Geldwechseln in der Bundesrepublik bis zum vierfachen des offiziellen Touristenkurses bekommen, aber in allen Ländern des Warschauer Paktes ist sowohl die Einfuhr als auch die Ausfuhr der betreffenden Landeswährung strikt verboten. Verstöße werden mit harten Gefängnisstrafen geahndet. In Europa gibt es derzeit nur fünf Staaten, die auf Devisenvorschriften verzichten. Darüber und mit welchen Zahlungsmitteln man im jeweiligen Land am besten fährt, solltest du dich rechtzeitig erkundigen.

Bargeld

Wegen der Gefahr von Diebstahl oder Verlust ist Bargeld relativ unsicher. Außerdem ist der für Bargeld angewendete Sortenkurs immer niedriger als der Devisenkurs. Während der Urlaubszeit ist der Wechselkurs in den entsprechenden Feriengebieten noch ungünstiger. Fremde Münzen werden in der Regel nur von der deutschen Verkehrskreditbank zurückgekauft, nicht aber von anderen Banken.

Euroschecks

Wenn Schecks und Scheckkarte getrennt aufbewahrt werden, sind sie wesentlich sicherer als Bargeld. Man kann auch in Kaufhäusern, Hotels und Restaurants mit Euroschecks in der jeweiligen Landeswährung bezahlen. Bei Bareinlösung bekommt man den vollen Betrag ohne Gebühren und Kursabschläge ausbezahlt. Erst zu Hause wird dann umgerechnet, die Gebühren werden berechnet und vom Konto abgebucht. Die Kosten für den Euroscheck in Fremdwährung betragen 1,75 Prozent des Betrages, mindestens 2,50 Mark; davon werden auch die ausländischen Kreditinstitute bezahlt. Euroschecks werden zur Zeit eingelöst in Andorra, Belgien, Dänemark, Finnland, Frankreich, Großbritannien, Holland, Irland, Italien, Liechtenstein, Luxemburg, Malta, Monaco, Österreich, San Marino, Schweiz und Spanien. Bei Bareinlösungen von auf D-Mark ausgestellten Schecks achte darauf, daß zum Devisenkurs (nicht Sortenkurs!) abgerechnet wird.

Reiseschecks

Sie gelten als das sicherste Zahlungsmittel, da sie nur gegen Vorlage des Reisepasses eingelöst werden. Die Gebühren sind etwas geringer als beim Euroscheck, es gibt aber Kosten für Ankauf und Rückkauf. Dein Konto wird am Tage des Ankaufs mit dem Betrag belastet, beim Euroscheck geschieht dies erst bei der Einlösung. Reiseschecks gibt es in DM und in Landeswährungen. Die Währungs-Reiseschecks, zum Beispiel in US-Dollar, bewähren sich vor allem in den Ländern, in denen man die D-Mark kaum kennt. Die Reise- oder Travellerschecks kann ich wirklich empfehlen. Aber sie werden natürlich nicht überall eingetauscht. Ich habe immer ein paar Scheine bei mir, zusätzlich. Die Schecks sollten auch in verschiedenen DM-Beträgen zwischen zehn und hundert ausgestellt sein. Oft genug braucht man ja einen kleinen Betrag, und da nützt einem ein Hunderter-Scheck gar nichts. Dann muß man mit leerem Magen ein paar Tage dorthin reisen, wo man die Schecks wechseln kann. Verwahr deine Schecks zusammen mit dem Bargeld und dem Paß in einem entsprechenden Geldgürtel, den du – natürlich unter der Kleidung – um die Taille trägst. Verlorene Schecks solltest du unbedingt sofort melden.

Trickreich reisen
Visa, Tickets, Grenzen und Gesetze

Visa

Visa sind Stempel, die dir Beamte einer fremden Regierung in den Paß drücken. Du brauchst diese Visa zur Einreise in viele Länder, aber sie garantieren die Einreise nicht unbedingt. Sie zeigen nur an, daß ein zuständiger Beamter deinen Paß registriert hat. Die Visum-Vorschriften hängen vom jeweiligen Staat ab, von der Art des Visums, das du brauchst, von deiner Staatsangehörigkeit, aber auch davon, wo du das Visum beantragst und schließlich auch noch von der momentanen Stimmung des betreffenden Beamten.

Das Visum erhältst du zu Hause bei Botschaften und Konsulaten, aber auch im Ausland. Vom Auswärtigen Amt kann man erfahren, wo es Konsulate gibt, eventuell auch die Kosten und andere Bestimmungen. Allerdings ändern sich diese Bestimmungen praktisch täglich. Du mußt dich also von Fall zu Fall erkundigen. Die großen Länder haben überall in der Welt Auslandsvertretungen. Eine Liste der 124 deutschen Botschaften, 59 Generalkonsulate, 7 Konsulate und 244 Honorarkonsuln der Bundesrepublik erhältst du ebenfalls vom Auswärtigen Amt in Bonn.

Im allgemeinen wirst du es mit Touristen-Visa zu tun haben. Sie können für eine oder mehrere Einreisen gelten. Wenn du schon vorher weißt, daß du mehrmals in ein Land einreisen willst, dann laß dir ein Mehrfach-Visum ausstellen. Manchmal kannst du auch für geringe Gebühren eine Arbeitserlaubnis mit eintragen lassen. Aber die meisten Staaten sind da unnachgiebig und verweigern dir diese Erlaubnis. Alle Visa vermerken ein bestimmtes Datum, vor dessen Ablauf du einreisen mußt. Diese Zeit schwankt gewöhnlich zwischen drei Monaten und vier Jahren. Im Visum steht auch die maximale Aufenthaltsdauer – in der Regel zwischen einem und sechs Monaten

Verlang die längste mögliche Zeit und erkundige dich, wie und wo du das Visum eventuell verlängern lassen kannst. Wenn du dein Visum bekommst, solltest du sofort alle Angaben darin überprüfen, ganz besonders dann, wenn es in einer dir fremden Sprache abgefaßt ist. Zwei Holländer, die sich ihre Visa für Algerien in Marokko beschafften, waren der Meinung, die Dinger würden für einen Aufenthalt von vier Wochen gelten. Aber erst unmittelbar an der Grenze bemerkten sie, daß die Visa schon nach vier Tagen abliefen.

Gewöhnlich macht es sich bezahlt, gleich mehrere Visa auf einmal in einer Hauptstadt zu besorgen. Wenn die Ausfertigung lange dauert, frag doch, ob man die Prozedur nicht mit Hilfe einer „zusätzlichen Gebühr" beschleunigen kann. Die Leute wissen sofort, was du meinst.

Manchmal wird in einer bestimmten Stadt ein Land von einem anderen konsularisch vertreten. Zum Beispiel kann man Visa für Kenia und Tansania im britischen Konsulat von Marokko erhalten. Das spart dir viel Zeit. Die Konsulate befinden sich fast immer in den Hauptstädten, aber manchmal unterhält das Nachbarland auch ein Konsulat in einer grenznahen Stadt, und du kannst dort deine Formalitäten erledigen

Es kann auch vorkommen, daß du dein Visum direkt an der Grenze erhältst, aber verlaß dich nur dann darauf, wenn du dir hundertprozentig sicher bist, daß das auch wirklich so ist. Ich mußte einmal 50 Kilometer zu einem Konsulat in Nicaragua zurücktrampen, weil ich irrtümlich angenommen hatte, mein Visum an der Grenze zu bekommen. Damals, als es das heutige Afghanistan-Problem noch nicht gab, mußten Leute, die ohne Visum für Indien an der pakistanisch-indischen Grenze ankamen, zurück nach Kabul, um sich eins zu beschaffen. Eine „herrliche" Rundreise von vier Tagen auf gottserbärmlichen Straßen. Höchst selten ist die Visumbeschaffung an der Grenze günstiger. Darüber solltest du dich rechtzeitig mit anderen Reisenden unterhalten. Du wirst staunen, wie häufig sich die Gespräche unterwegs um Grenzen und Visa drehen.

Oft genug entspricht die Auskunft auf einem Konsulat nicht den Realitäten an der Grenze. Und um das

Wirrwarr noch zu vergrößern, ändern sich die Dinge von Konsulat zu Konsulat, von Grenze zu Grenze, von einem Beamten zum anderen. 1973 durfte man zum Beispiel in Brasilien an einigen Grenzübergängen kostenlos für 30 Tage ohne Verlängerung einreisen, während es an anderen Stellen Visa für sechs Monate mit Arbeitserlaubnis für lächerliche fünf Dollar gab. Der einzige Weg, solche Dinge zu erfahren, ist: fragen, fragen und nochmals fragen, und zwar nach allem.

Wenn sie nicht kostenlos sind, muß man für Visa gewöhnlich nur wenig bezahlen. Natürlich muß man viele lächerliche Formulare ausfüllen. Wenn man dich nach dem Namen deines Hotels fragt, erfinde einfach einen, falls du keinen parat hast. Bürokraten werden von weißen Linien und nicht beantworteten Fragen zu

Tode erschreckt. Wenn schon, dann trage den Namen eines piekfeinen Hotels ein, das erleichtert dir die Sache. Kein Mensch wird je nachprüfen, ob du auch wirklich dort wohnst. Fein raus bis du dann, wenn du Freunde hast, die in dem betreffenden Land leben. Allerdings mußt du deren Adresse wissen.

In der Spalte Beruf machen sich „Student" und „Kaufmann" gut. Weniger ratsam ist es, dorthin so etwas wie „Revolutionär" zu schreiben, nicht einmal ins Gästebuch eines Museums. Ich kannte einen Burschen, der sich so einen Spaß erlaubt hatte. Dafür verbrachte er sechs Wochen im Gefängnis. Auch Journalisten werden von den totalitären Regimen nicht gerne gesehen. Wenn dich die ganze Angelegenheit langweilt, schreib doch einfach Sänger oder Feuerwehrhauptmann oder Zirkusclown hin.

Spezielle Tricks

Die Beschaffung eines Visums ist oft ein Vorgang, der mit allerlei Ärger verbunden ist. Gut, 90 Prozent gehen glatt, aber der Rest kann mörderisch sein. Nicht mal in deinen wildesten Träumen kannst du dir vorstellen, was es da für Kleinlichkeiten und Haarspaltereien gibt. Wahrscheinlich weißt du nicht, daß langhaarige Männer unverbesserliche Rauschgiftsüchtige sind, aber für Beamte in Singapur ist das seit Jahren eindeutig. Glücklicherweise gibt es für jedes Problem auch eine Lösung, und wenn du die Beschaffung von Visa als Herausforderung und nicht als Schikane betrachtest, dann hast du vielleicht sogar deinen Spaß daran.

Immer mehr Staaten versuchen, unerwünschte Besucher durch wachsende finanzielle Forderungen oder Vorschriften abzuwimmeln. Zum Beispiel dadurch, daß man für jeden Monat der Geltungsdauer des Visums 200 Dollar vorweisen muß. Wenn du dich finanziell nicht zu sehr verausgabst, dürfte das weiter kein Problem sein. Zur Not kannst du dir ja auch Schecks von Freunden ausleihen oder dir Geld borgen, um es vorzeigen zu können. Echte Klasse ist, sich einen Scheck in japanischer Währung zu kaufen. Er sieht fast wie ein Dollar-Scheck aus und hat imponierend viele Ziffern. Steck ihn in dein Geldbündel und beobachte genüßlich die weit aufgerissenen Augen der Beamten, die glauben, einen 5000-Dollar-Scheck vor sich zu haben. Du kannst ja nebenbei erwähnen, daß du diesen Scheck für „kleinere, unvorhergesehene Ausgaben" dabeihast. Alles klar, Sir? Noch irgendeinen Wunsch, Sir? Und falls der Kerl bemerkt, daß der Scheck auf Yen ausgestellt ist – was soll's?

Schwierigkeiten können auch auftreten, wenn du in Länder reisen willst, die schlecht miteinander auskommen. Die Israeli werden dich kaum für ein Mitglied der PLO halten, nur weil du in Syrien warst, aber in arabischen Ländern könnte dir mit einem israelischen Visum im Paß durchaus die Einreise verwehrt werden. In Israel ist man sogar so freundlich und gibt dir das Visum auf einem gesonderten Stück Papier, wenn du darum bittest. Die meisten Konsulatsbeamten haben Verständnis für solche Probleme.

Tickets für die Weiterreise

Das weitaus größte Ärgernis von allen ist das Ticket für die Weiterreise. Einige Staaten geben dir kein Visum, wenn du nicht so eine Fahrkarte oder einen Flugschein für die Ausreise als Beweis dafür vorlegen kannst, daß du ein anständiger Reisender bist, der bereits seine Kosten für die Ausreise aus dem Land bezahlt hat und deshalb nicht als Bettler an der nächsten Straßenecke landen wird. Manchmal werden diese Tickets nur fürs Visum verlangt, nicht aber beim Grenzübertritt. Dann kauf dir einfach die Fahrkarte oder den Flugschein und verkaufe sie wieder, sobald du das Visum in den Händen hältst. Wenn man die Fahrkarte an der Grenze sehen will, kannst du das Ding gleich wieder einlösen, wenn du im Land selber bist. Vorteilhafter aber ist es, damit zu warten, bis du wieder draußen bist. Vergewissere dich aber beim Kauf, daß das Ticket wirklich wieder eingelöst wird.

Ein Freund erwarb eine billige Bus-Fahrkarte aus Costa Rica hinaus, damit er einreisen durfte. Im Land erklärte man ihm, er könne die Bus-Fahrkarte erst dann zurückerstattet bekommen, wenn er ein anderes Ticket für die Ausreise vorweisen könne. So kaufte er sich einen Flugschein nach Panama, verkaufte das Bus-Ticket und ließ sich den Flugschein erstatten, als er in Panama war.

Immer öfter aber genügen den Beamten-Snobs so schäbige Transportmittel wie Bus oder Schiff nicht mehr. Man muß mit dem Flugzeug reisen! Wenn gar nichts mehr hilft, dann tut es vielleicht eine Bestechung. Frag einfach, wie hoch die Geldbuße wäre oder ob die Sache nicht irgendwie beschleunigt werden könnte. Das kapiert jeder. Gewöhnlich betrachten solche Beamte Bestechungsgelder als ganz normalen Bestandteil ihres Gehalts und rechnen ganz fest damit. Das Schmiergeld braucht gar nicht hoch zu sein, ein paar Dollar reichen. Versuch aber erst mal zu verhandeln. Manche Reise-Handbücher empfehlen, bei Schwierigkeiten sofort zum Schmiergeld zu greifen. Ich halte das für einen großen Fehler. Denn es ermutigt solche Leute geradezu, Reisende schlecht zu behandeln. Natürlich ist ein Trinkgeld für einen ehrenhaften Beamten, der mehr als seine Pflicht tut, durchaus okay.

Wenn alle diese Tricks nichts fruchten, gibt es immer noch andere Möglichkeiten. Angenommen, du willst durch Costa Rica, Panama und Kolumbien reisen, drei Länder, in denen die Forderung nach einem Ausreise-Ticket von der Laune der Grenzbeamten abhängt. Dann kauf dir einen Flugschein San José/Panama City/ Medellin/Panama City, mit dem du in alle drei Länder einreisen darfst und den du wieder einlösen kannst, bevor du Kolumbien verläßt.

Wohlgemerkt, alle diese Tricks beziehen sich auf die Tatsache, daß man dir für die Einreise den Besitz von Tickets abverlangt, die du gar nicht brauchen kannst, weil du ganz andere Pläne hast. So ist es wohl auch erlaubt, mit speziellen Tricks dagegen anzugehen, denn du schädigst ja niemanden damit. Diese Tricks reichen bis zum Gebrauch von Salzwasser und Zitronensaft, mit denen du zum Beispiel den gemeinen Stempel auf deinen unerwünschten Tickets wegbringst, der da lautet: Keine Rückerstattung. Im Notfall muß man sogar zu einem „Tintenlöscher" greifen, wenn zum Beispiel die malaysische Polizei in deinen Paß die Großbuchstaben SH stempelt, was nichts anderes heißt als „Suspected Hippie" (verdächtig als Hippie). Das kann dir

schnell passieren, wenn du bei einer Razzia in einem der billigen, kleinen, vorwiegend von jüngeren Reisenden frequentierten Unterkünfte an einem der weniger luxuriösen Strände etwa in Pinang „aufgegriffen" wirst, weil du nicht rasch genug die Hintertür fandest.

Es ist ein Kampf gegen die Bürokratie, und wie du siehst, gibt es für den beharrlichen Reisenden Dutzende von Möglichkeiten, um dieses System in die Knie zu zwingen oder zu überlisten.

Grenzen

Nun hast du zwar (hoffentlich) dein Visum, aber jetzt mußt du auch noch über die Grenze kommen. Die kleineren Grenzübergänge sind meist billiger und einfacher zu passieren. Hier sind Schwierigkeiten verhältnismäßig gering. Wenn du während der normalen Dienststunden dort ankommst, mußt du auch nicht mit Extra-Gebühren rechnen. Sei höflich und freundlich. Erkundige dich über das Land, aber plaudere möglichst wenig über dich selber aus. Nur ein Beispiel: Haben Sie Waffen dabei? Nein, nur eine Harpune! Aha, eine Taucher-Ausrüstung, hm? Und schon hast du einen entsprechenden Eintrag im Paß.. Und dann darfst du das Zeug weder verlieren noch verkaufen. Außer du „fummelst" an deinem Paß herum, aber das würde ich bei solchen Lappalien unbedingt vermeiden.

Reg dich niemals über die schleppende Abwicklung an der Grenze oder über eine körperliche Durchsuchung auf. Du wirst viel seltener durchsucht werden, wenn du den Eindruck erweckst, als mache dir dies gar nichts aus. Ich bin nie körperlich durchsucht worden, wenn ich in ein Land einreiste. Übrigens werden Mädchen weitaus seltener dieser Prozedur unterzogen als

Männer. Wenn du etwas Illegales dabeihast oder aber Sachen, die du eigentlich hättest verzollen müssen, wie etwa sechs Kameras, dann rede dich lieber darauf hinaus, daß du die Zollerklärung nicht kapiert hast. Das ist besser, als bei einer offensichtlichen Lüge ertappt zu werden. Durch die Erfahrung gewitzt, wirst du es sowieso bald heraushaben, wann du raffiniert sein mußt und wann du dich besser dumm stellst.

Sieh dich vor – manche Zollinspektoren haben „klebrige Finger"! Wenn man dich um ein „Geschenk" (sprich Schmiergeld) anhaut, weigere dich höflich, aber bestimmt. Hüte dich aber strikt davor, einen Beamten zu beleidigen. Denn er hat alle Trümpfe in der Hand.

An einem Grenzübergang forderte ein Grenzposten Geld von einem Freund von mir, der genau wußte, daß er nichts bezahlen mußte. Daraufhin sagte er, er sei ein Freund des französischen Botschafters, fragte nach dem Namen des Grenzbeamten und ging los in Richtung Telefon. Der Mann kapitulierte.

Wenn du weniger Geld anmeldest, als du tatsächlich dabeihast, übertreib dabei nicht zu sehr. Zähl dem Grenzbeamten das Geld, das du deklarierst, laut vor, damit er nichts beiseite schaffen kann. Und verliere ja keines der Papiere, die man dir gibt. Bei der Ausreise mußt du sie wieder vorweisen.

Noch ein paar Tips

Normalerweise geht man vor der Ausreise zu der entsprechenden Stelle und läßt seinen Paß stempeln.

Die Beamten bemerken irgendwelche speziellen Eintragungen über Verbote und dergleichen meist nicht, wenn man schon Dutzende von Stempeln im Paß hat. Dann geht's zum Zoll. In der Regel werden für die Ausreise keinerlei Gebühren verlangt. Deshalb kannst du dein ganzes übriggebliebenes Geld in der Währung dieses Landes ausgeben, ehe du die Grenze überschreitest. In Ländern, die jede Geld-Ausfuhr verbieten, würde man es dir eventuell sowieso abnehmen.

Nicht an jeder Grenze gibt es Beamte, die für die Ausreise zuständig sind. Das gilt speziell für abgelegene Gegenden. Ein Freund von mir mußte drei Stunden auf einer schlimmen Straße nach Copan zurückfahren, als er aus Honduras ausreisen wollte, weil kein entsprechender Beamter an der Grenze zu Guatemala vorhanden war. Damals bekamen die Reisenden den Ausreisestempel nur in einem Büro in Copan.

Zwei andere Freunde fuhren einmal mit dem Schiff den Amazonas hinunter und hatten es versäumt, sich den Ausreisestempel aus Peru in Iquitos geben zu lassen. Als sie nach drei Tagen die Grenze nach Kolumbien erreichten, teilte man ihnen kühl mit, daß sie wegen dieses Stempels nach Iquitos zurückmüßten. Sie hätten wohl über eine Woche auf ein Schiff warten müssen, das sie wieder stromaufwärts mitnahm. Weil sie so wütend waren, kopierten sie den entsprechenden Stempel einfach aus dem Paß eines anderen Reisenden. Mit ihren so präparierten Pässen gingen sie nun zu den Beamten und sagten: „Ist es das, was Sie wollten?" Natürlich ist es ein übles Vergehen, seinen Paß so zu

„fälschen". Aber ich meine doch, daß in diesem Fall wirklich keiner geschädigt wurde und der Trick die beiden aus einer ganz scheußlichen Situation befreite.

Bei der Einreise durchläuft man die gleiche Prozedur wie bei der Ausreise, nur daß man ein bißchen sorgfältiger überprüft wird. Falls du verbotene Sachen dabei hast, solltest du besser mit öffentlichen Verkehrsmitteln einreisen, denn die Beamten werden es wohl vermeiden, alle anderen Passagiere unnötig aufzuhalten, nur um dich genau unter die Lupe zu nehmen. Sollte der Grenzwächter eine schlimme Nacht hinter sich haben, wird er dich sicher noch hartnäckiger befragen als sonst und auch deine Vermögensverhältnisse genau überprüfen wollen. Dann ist es an der Zeit, „den Doofen" zu spielen. Einmal reiste ich mit nur ein paar Dollar in der Tasche nach Mexiko ein, weil ich knapp 800 Kilometer von der Grenze entfernt wohnte und mein ganzes Geld zu Hause gelassen hatte. Der Grenzbeamte weigerte sich, mir ein Visum für mehr als eine Woche zu geben, und machte dabei unüberhörbare Anspielungen auf ein Schmiergeld. In einem hundsmiserablen Spanisch legte ich ihm meine Probleme so langatmig dar, daß er schließlich die Geduld verlor und mir ein Visum für sechs Monate gab.

Ärger an den Grenzen

Mit den Grenzbeamten und dem Formalitätenkram an den Grenzen macht man als Reisender nicht selten die unglaublichsten Erfahrungen. Folgende Geschichte ist wirklich wahr, obwohl sie in der Tat unwahrscheinlich klingt. Ein Kanadier hatte die Ausreise-Formalitäten in Guatemala erledigt und ging durch das Niemandsland hinüber zur mexikanischen Grenze. Dort verlangte man seine Barschaft zu sehen, und er hatte nur 100 Dollar in Traveller-Schecks und ein paar Geldscheine dabei. „Das reicht nicht", sagten die Beamten.

Ohne aufzubegehren ging er nach Guatemala zurück. „Wieviel Geld haben Sie?" fragten die dort. – „100 Dollar?" – „Nicht genug!"

So irrte der arme Kanadier drei Wochen lang im Niemandsland zwischen den Grenzen herum, bis er jemanden fand, der seine Traveller-Schecks als verloren meldete und Ersatz beschaffte. Nun verfügte der Kanadier über 200 Dollar, und die Mexikaner ließen ihn ins Land. Er erzählte mir später, daß er solche Tricks eigentlich ablehnen würde, aber was wäre ihm unter diesen Umständen anderes übriggeblieben. Er hat dann übrigens die alten Schecks vernichtet, so daß der Bank kein Verlust entstand.

Dir empfehle ich dringend, solche Tricks so selten wie möglich zu benützen, nämlich nur dann, wenn du in einer verzweifelten Lage bist und dir nicht anders zu helfen weißt. Man riskiert nämlich immer einiges dabei, und vom moralischen Standpunkt aus ist das Ganze mehr als fragwürdig.

Sicher hast du inzwischen begriffen, daß die bürokratischen Vorschriften in zwei Gruppen unterteilt werden können: Da gibt es die unsinnigen und beknackten, die nur den Behörden und den reichen Leuten nützen, und jene, die den Leuten wirklich helfen. Es fordert einen geradezu heraus und macht auch Spaß, die erstgenannten zu umgehen. Aber verstoße nie gegen die anderen! In vielen Ländern werden die Menschen von ihren Chefs, der Polizei und den Regierungen unterdrückt, tyrannisiert und schikaniert. Sie haben genug Probleme. Also halse ihnen nicht du auch noch welche auf.

Der Kanadier, von dem ich erzählte, hätte es sich viel einfacher machen können, wenn er etwas erfahrener gewesen wäre, denn an Grenzen treiben sich Dutzende von privaten Geldwechslern herum, die ihm die benötigte Summe sicher geliehen hätten, um später den Scheck zu wechseln. An derselben Grenze hatte ein Deutscher, der ein bißchen „anständiger" aussah, aber über noch weniger Geld verfügte, Erfolg damit, daß er heilige Eide schwor, in der nächsten Stadt würde auf der Post ein 500-Dollar-Scheck auf ihn warten.

Es gibt auch noch andere Methoden, um mit solchen Problemem fertig zu werden. Der folgende Vorfall beschreibt einen Weg, der nur auf eigene Gefahr beschritten werden sollte. Ich empfehle ihn nicht ernsthaft.

Ich hielt mich in Brasilien auf, nahe bei den Iguacu-Wasserfällen, und beschloß, einen Tag in Paraguay zu verbringen. Ein Tourist, den ich traf, so einer mit einem dicken Reiseführer unterm Arm, behauptete, es würden keine Gebühren für Ein- und Ausreise erhoben, wenn man sich nicht länger als 24 Stunden aufhielte. Der Beamte an der Grenze nach Paraguay sagte mir das gleiche, und ich fuhr mit dem Schiff los.

Als ich nach ein paar Stunden wieder zurückkam, forderte er einen Dollar Ausreise-Gebühr. Ich protestierte und erinnerte ihn daran, was er mir am Vormittag gesagt habe.

„Das galt für die Einreise", sagte er, „jetzt müssen Sie für die Ausreise bezahlen."

„Aber Sie wußten doch, daß ich in ein paar Stunden zurück sein werde", sagte ich hitzig. „Warum haben Sie mir nicht Bescheid gesagt? Ich habe Sie doch gefragt, weil ich überhaupt kein Geld dabei hatte."

Das war natürlich eine Lüge, aber immerhin wollte mich der Mann für dumm verkaufen.

Da nahm der Clown meinen Paß, legte ihn in seine Schublade und sagte selbstgefällig: „Ohne meinen Stempel kommen Sie hier nicht raus, und der kostet einen Dollar!"

„Sie haben wirklich ein schönes Büro", sagte ich freundlich, „ich denke, hier werde ich für eine Weile bleiben. Wie steht's mit warmem Wasser?"

Ich lümmelte mich in einen Stuhl und steckte mir eine amerikanische Zigarette an. Absichtlich genußvoll sog ich den Rauch tief ein, und das hatte seine beabsichtigte Wirkung auf den Mann.

Er bat mich um eine Zigarette.

„Das Stück kostet einen Dollar", sagte ich.

Er begriff und beschloß, das Geschäft mit einer Zigarette abzugleichen. Er klaubte meinen Paß heraus, stempelte ihn, gab ihn mir und erwartete nun seinen Lohn. Ich stand auf, steckte den Paß ein und lächelte ihn freundlich an. „Sie können mich mal", sagte ich entgegenkommend und machte, daß ich schnell davonkam.

Ich gebe zu, das war fies von mir. Aber manchmal, wenn's zu dick kommt, greift man schon auch mal zu solch wenig feinen Mitteln. Aus einer Laune heraus oder um andere zu ärgern, solltest du so was allerdings nie tun.

Grenzbeamte haben eine Menge Möglichkeiten, dich zu schikanieren. Zum Beispiel können sie einen bestimmten Geldumtausch pro Tag deines Aufenthaltes verlangen, wie es in vielen Ostblockstaaten üblich ist.

In Chile gab es das während des Höhepunktes der Inflation in den Allende-Jahren. Für das einheimische Geld konnte man sich praktisch nichts kaufen, hingegen für einen Dollar im teuersten Hotel übernachten und für wenig mehr die luxuriösesten Dinge erwerben. Als ein Freund von mir damals dort ankam, war die Hamsterei schon so weit gediehen, daß man für einheimisches Geld praktisch nichts kaufen konnte, auch wenn man Phantasiepreise bezahlte. Die ganze Wirtschaft basierte auf Tauschhandel. So waren die drei Koffer meines Freundes, vollgestopft mit Escudos, nahezu wertlos. Immerhin tröstete er sich mit einem kompletten Flugunterricht und der Erlangung eines Pilotenscheines für ganze 50 Dollar.

Es gibt immer einen Weg... Es gibt Menschen, die immer nur das Negative sehen und gerne Gerüchte in die Welt setzen: Das und jenes darf man nicht, dort wird man nie und nimmer mitgenommen und so weiter. Die erfahrenen Reisenden ignorieren solches Gerede. Einer meiner Freunde, ein Italiener, war ungefähr 300 Kilometer von der spanischen Fähre nach Marokko entfernt, als er Leute traf, die ihm erzählten, er solle nicht mit der Fähre reisen, weil die Grenzen wegen der kriegerischen Vorfälle in Spanisch-Sahara gesperrt seien. Noch vor seiner Ankunft im Hafen rieten ihm andere dringend davon ab, auf die Fähre zu gehen, denn in Marokko dürfe man sowieso nicht an Land gehen. Als er schließlich in Marokko die Fähre verließ, sagten ihm wieder andere, er solle sofort wieder auf die Fähre gehen, ehe sie abfahre, denn die Marokkaner würden keinen ins Landesinnere reisen lassen. Das hätte wahr sein können, denn im Gegensatz zu den Leuten, die nur Gerüchte weitertrugen, waren diese Reisenden tatsächlich an der Einreise gehindert worden. Aber mein Freund beschloß, alles selbst herauszufinden.

Zusammen mit fünf anderen kam er am Grenzposten an, und er und drei andere wurden durchgelassen. Den beiden anderen verwehrte man die Einreise, weil sie zu wenig Geld und zu viel Haare hatten und weder Spanisch noch Französisch sprachen. Trotzdem traf mein Freund die beiden später in Tanger. Wie hatten sie es geschafft? Der erste war zur britischen Botschaft gegangen, hatte dort einen reichen Touristen mit einem Auto kennengelernt, und zusammen mit ihm hatte er keinerlei Schwierigkeiten an der Grenze. Der zweite war am nächsten Tag erneut zum Grenzposten gegangen und hatte mit einem anderen Beamten verhandelt. Diese Episode zeigt, wie wichtig es ist, auf Reisen zusammenzuhalten und auch nicht zu schnell aufzugeben.

In einer ähnlichen Situation in Ecuador ging ich einfach um die Grenzstation herum und direkt ins Land hinein. Als ich wieder ausreiste, schaute der Beamte nicht einmal nach meinem Einreisestempel. Hätte er das Fehlen bemerkt, hätte ich behauptet, er wäre bei der Einreise schlicht vergessen worden. Dazu darf man aber nicht auf den Mund gefallen sein. Man muß sich schon was einfallen lassen. Ein Bursche, der etwas Ähnliches in Thailand versuchte, wurde mit einer sechsmonatigen Gefängnisstrafe „belohnt".

Aber, bitte, laß dich nicht durch solche Geschichten abschrecken! Ärger und Schikanen sind wirklich nicht das tägliche Brot, und wenn du damit auch zu Hause fertig wirst, dann wird dir das auch unterwegs auf Reisen gelingen. Ich erzähle all das nur, um dich auf die vielfältigen Fallen aufmerksam zu machen, in die man geraten kann. Und um dir zu zeigen, daß es immer einen Ausweg gibt. Wenn du ihn schon nicht in diesem Buch findest, dann kommst du bestimmt von selber drauf.

Ärger mit den Gesetzen

Als Reisender in einem fremden Land bewahrt einen der gesunde Menschenverstand vor Schwierigkeiten. In totalitären Staaten mußt du ja nicht unbedingt deine

politischen Ansichten gegenüber Fremden äußern, und niemand zwingt dich, dort, wo es verboten ist, Fotos zu schießen. Schaffe auch nie das Gepäck fremder Leute durch den Zoll. Wenn da Schmuggelware oder gar Rauschgift drin ist, bist du dran!

Bei Verlust deines Passes mußt du umgehend bei der Polizei Anzeige erstatten und dich dann sofort an dein Konsulat wenden. Solltest du mit dem Gesetz in Konflikt kommen und eventuell sogar verhaftet werden, dann geh, besser renne zu deinem Konsulat – oder noch besser zur nächsten Grenze! Verhaftet man dich, besteh höflich, aber bestimmt darauf, einen Vertreter deines Landes zu sprechen. Bleib mit deinem Konsulat in Verbindung, wenn du durch politisch unruhige oder unsichere Länder reist. In solchen Gebieten solltest du dich stets durch Zeitungslektüre und ähnliches auf dem laufenden halten. Sei auf der Hut, falls die Regierung eine Kampagne gegen Gruppen startet, denen du nahestehst. Einer meiner Freunde wurde um ein Haar von Pakistanis gelyncht, denen man eingeredet hatte, fremde Hippies seien für die Probleme in Pakistan verantwortlich.

Und schließlich, wenn die Leute um dich herum plötzlich zu den Klängen irgendeiner martialischen Musik aufspringen, dann steh auch du auf und versuche so feierlich dreinzuschauen wie die anderen. In manchen Ländern ist es ein Verbrechen, der Nationalhymne nicht den gebührenden Respekt zu erweisen, speziell wenn es sich hier um einen „schmutzigen Hippie" handelt.

Für Hilfe im Ausland sind die Konsulate da. Jeder kann mal Pech haben und in eine Notsituation geraten, dann hilft dir ein Angestellter des Konsulats. Er kennt die im Land geltenden Gesetze. Er greift dir auch finanziell unter die Arme, wenn „die Notlage nicht auf andere Weise behoben werden kann".

Die deutschen Konsulate können dir folgende Kosten, die du später allerdings zurückerstatten mußt, vorschießen:

Auslagen für Telefon oder Telegramme, um Geld aus Deutschland anzufordern,

Überbrückungsgeld, bis dein eigenes eintrifft,

Fahrtkosten für Heimreise und ein „Zehrgeld",

Arzt-, Medikamenten- und Krankenhauskosten,

Krankentransport in öffentlichen Verkehrsmitteln in besonderen Fällen.

Der Konsulatsangestellte verwaltet Steuergelder. Also hab Verständnis dafür, daß er dein Anliegen kritisch prüfen wird. Bei offensichtlichem Mißbrauch (den manche Globetrotter im Reisebudget einplanen!) wird die finanzielle Hilfe abgelehnt.

Zum Schluß noch ein Tip, der dich vor unnötigen Geldausgaben an der Grenze bewahren soll. Laß wertvolle Stücke ausländischer Herkunft, wie Kameras oder Uhren, vor deiner Abreise zu Hause beim Zoll registrieren. Sonst kann es passieren, daß du bei der Heimreise Zoll dafür bezahlen mußt. Die Zollbeamten kennen auch meistens den echten Wert jener Dinge, die du von einer Reise mit heimbringst. Achte auch auf die verschiedenen Ein- und Ausfuhr-Verbote. Nach Holland darf man zum Beispiel keine Stilette und nach Italien keine gefährlichen Werkzeuge einführen, aus der Türkei keine antiken „Trümmer" ausführen.

Billig leben – aber wie?

Indem du die vorangegangenen Kapitel über geldsparende Transportmittel, billige Übernachtungsmöglichkeiten und den günstigsten Geldwechsel gelesen hast, bist du schon ein gutes Stück auf dem Weg vorangekommen, beim Reisen die Kunst, billig zu leben, zu beherrschen. Der Haupttrick beim billigen Reisen besteht darin, langsam zu reisen. Die Transportkosten verteilen sich so auf eine längere Zeit, man lernt mehr Freunde kennen, erfährt mehr Gastfreundschaft und entdeckt mancherlei Kniffe, wie man sich mit wenig Geld durchschlagen kann. Eine Gegend in einem Jahr zu durchstreifen, sollte nicht mehr kosten als in sechs oder acht Monaten.

Die Ernährung

Du wirst bald merken, daß das Essen ein empfindliches Loch in deinen Geldbeutel schlagen wird. Um gut und billig essen zu können, mußt du schauen, was die Einheimischen so verzehren und wohin sie zum Essen gehen. In Imbißstuben oder Marktbuden sind die Preise besonders niedrig, die Atmosphäre ist freundlich, und du kannst dabei zusehen, wie das Essen zubereitet und dir genau das aufgetischt wird, was du willst. Mach den Preis aus, bevor du die Nahrungsmittel kaufst. Mein

Reisebegleiter in Mexiko mußte einmal für eine lumpige Limonade einen Dollar bezahlen, weil er die Flasche geöffnet hatte, bevor er nach dem Preis gefragt hatte.

Wenn du nicht gerade auf deine heimischen Lecker-bissen versessen bist, die im Ausland natürlich sehr teuer sind, kommst du in fremden Ländern beim Kauf von Lebensmitteln meist billiger weg als zu Hause. Auf die unnötig teuren Konserven solltest du allerdings verzichten. Feinschmecker greifen sowieso nur in höchster Not danach. Wenn du Früchte und Gemüse magst, wirst du in manchen Gegenden leben wie im Paradies. Gerade in den weniger entwickelten Ländern schmekken die Nahrungsmittel meist noch so natürlich und delikat, daß es dir schwerfallen wird, mit diesem synthetischen Zeug zu Hause wieder zurechtzukommen. Früchte und Nüsse hängen auf den Bäumen, du brauchst nur zuzugreifen. Frag aber den Besitzer um Erlaubnis, wenn die Bäume in Obstgärten wachsen.

An den Stränden kannst du praktisch umsonst essen, wenn du was vom Fischen verstehst. Wenn du Hummer fangen willst, solltest du allerdings vorher die Einheimischen fragen, damit du nicht gerade zu der Zeit auf die Jagd gehst, in der sich diese Tiere vermehren. Falls du dir nicht ganz sicher bist, ob etwas auch wirklich genießbar ist, frag ebenfalls die Einheimischen.

Cafeterias an Universitäten und in Kaufhäusern größerer Städte sind für schmale Geldbeutel zu empfehlen. Billige Mahlzeiten gibt es auch in kleinen Pensionen und Hotels. Die Hauptnahrungsmittel wie Reis oder Bohnen kosten praktisch nichts. Aber trotzdem solltest du dich nicht nur davon ernähren, schließlich willst du ja gesund bleiben und deine Reise genießen.

Auf den Märkten erhältst du frisches Obst und Gemüse, ebenso Fleisch und Fisch, die du auch in Imbißstuben oder Restaurants für wenig Geld zubereiten lassen kannst. Nimm auf den Märkten die Sachen, die gerade noch so là là frisch sind – aber Vorsicht bei Fleisch und Fisch! Wenn der Verkäufer weiß, daß sich die Nahrungsmittel nicht mehr bis zum nächsten Tag halten, wird er dir im Preis sehr entgegenkommen. Nimm das Stück, das am schlimmsten aussieht, heraus und sag: „Was, dafür verlangen sie so viel Geld?" Wenn du dann mit dem Preis klargekommen bist, kannst du immer noch versuchen, etwas frischeres zu bekommen. Älteres Brot erhältst du oft beinahe umsonst.

Wie man handelt

Für einen Neuling, der von zu Hause her andere Verhältnisse gewöhnt ist, sind Märkte in manchen

Teilen der Welt erst mal äußerst verwirrend. Sie sind alles andere als steril – und du wirst dich anfangs vielleicht nur mit Mühe in dem brodelnden Marktleben mit all seinen Geräuschen und exotischen Gerüchen zurechtfinden. Wenn du dich dran gewöhnt hast, wirst du bald im allgemeinen Trubel „mitmischen" und wie ein Alter um die Preise feilschen. Scheue dich nicht

davor, aggressiv zu feilschen. Die Händler sind hartgesotten, und sie erleiden niemals einen Verlust, ganz gleich, wie heftig sie auch jammern mögen. Ein Händler in Mexiko sagte mir einmal, er könne für einen bestimmten Anzug auf keinen Fall weniger als 80 Peso verlangen, aber er starb keineswegs daran, als er ihn mir für 60 überließ. Das waren weniger als fünf Dollar für ein Kleidungsstück, das in den sogenannten reichen

Ländern das Zehntache gekostet hätte.

Beim Feilschen springt aber nur dann wirklich etwas heraus, wenn man die Landessprache beherrscht. Händler, die Englisch, Französisch oder Deutsch sprechen, wissen sehr wohl, daß sie mehr verlangen können, und tun es auch. Manchmal kannst du einen vertrauenswürdigen Einheimischen bitten, den Handel für dich zu machen. Frag einen Einheimischen, was eine Sache wert ist, bevor du um sie feilschst, oder erkundige dich bei anderen Reisenden, die Bescheid wissen.

Sogar wenn die Preise festgelegt zu sein scheinen, wird in den meisten Ländern dennoch gehandelt und gefeilscht. Die Händler auf den Märkten gehen bei Lebensmitteln und den Hauptnahrungsmitteln (außer bei Büchsen und Flaschen) gewöhnlich um 25 Prozent herunter und um 50 Prozent und mehr bei Kleidung und touristischen Andenken. Es ist schlecht, wenn du einen wohlhabenden Eindruck machst und wenn du mehrere gerade gekaufte Sachen bei dir hast, die dem kundigen Händler verraten, daß du ein „gieriger" Käufer bist. Wenn du unbedingt etwas haben willst, dann laß dir nichts davon anmerken. Ein dickes Bündel Geldscheine zu zücken, ist natürlich auch alles andere als geschickt. Versuch jeden Trick, der dir in den Sinn kommt. Erzähl dem Händler, du seist ein armer Teufel und hättest kein Geld. Oder sag ihm, ein Freund von dir hätte das gleiche Ding woanders viel billiger gekauft. Versuch überzeugend zu wirken. Du kannst auch behaupten, du hättest die Ware schon in einer anderen Bude gesehen, viel billiger, aber leider in der falschen

Farbe. Wenn er dir glaubt, wird der Händler schließlich den von dir vorgeschlagenen Preis akzeptieren.

Du kannst auch einen Freund beauftragen, der im richtigen Moment vorbeikommt und sagt: „Warte, kauf das noch nicht hier. Woanders ist es viel billiger." Oder lach dich halbtot über den vom Händler genannten Preis und biete einen Betrag, der 20 Prozent unter seinem liegt. Verblüffe ihn mit List und Schlauheit. Tu so, als würdest du hier Bescheid wissen und den echten Wert der Ware kennen. Kritisiere das Aussehen der Ware, ihre Form und so. Oder kaufe sogar ein Stück mit einem Fehler, von dem du weißt, daß du ihn reparieren kannst. Wenn es mit dem Feilschen nicht klappt, dann geh langsam weg und laß ihm Zeit nachzudenken. Sag zu ihm: „Mein lieber Freund, ich bezahle 50 Rupien, keine mehr. Sie machen ein Geschäft, und ich bin zufrieden. Wir kommen doch beide gut weg." Halt ihm das Bargeld vor die Nase. Gib es ihm in die Hand.

Wenn du allerdings um einen offensichtlich sehr sorgfältig und geschickt gearbeiteten Gegenstand handelst, wäre es unverschämt und für den Händler beleidigend, wenn du die Ware schlechtmachen würdest. Besonders dann, wenn er sie selbst hergestellt hat. In diesem Falle finde ich es am besten, den Gegenstand über den Schellenkönig zu loben und gleichzeitig das Unglück zu beklagen, daß man selbst niemals so viel Geld haben würde, um dieses Kunstwerk kaufen zu können.

Discountpreise gibt es gewöhnlich als Mengenrabatt. Wenn der Preis 40 Dinar beträgt, bekommst du zwei

Stück davon für 60 Dinar und zehn für 200 Dinar. Aber wenn der Discount zu hoch ist, hat man dich beim Grundpreis wahrscheinlich übers Ohr gehauen. Springt der Händler nicht auf den von dir gebotenen Preis an, verzweifle nicht. Geh einfach weg, und komm später wieder. Vielleicht hast du mit deinem Preis auch übertrieben. Der Händler will ja schließlich auch noch etwas verdienen. Ärgere dich nicht, wenn du es nicht schaffst. Um die nächste Ecke gibt es ja schon wieder eine Gelegenheit.

Viele Leute meinen, die beste Zeit zum Feilschen ist der Morgen, bevor die Händler müde und mürrisch werden. Ich habe da ganz andre Erfahrungen gemacht. Wenn so ein Bursche einen schweren Tag gehabt hat, will er zum guten Schluß auf alle Fälle noch was verkaufen. Du machst deine besten Geschäfte dann, wenn du weniger kaufen willst als er verkaufen will. Manchmal ist es am günstigsten, wenn du mehrmals am Tag dorthin gehst und immer wieder handelst.

Aggressives Feilschen spart dir viel Geld. Immer wieder habe ich Leute erlebt, die das Doppelte oder Dreifache von dem bezahlten, was klügere Feilscher herausgeholt hätten. Wenn du den Stoff aus diesem Kapitel beherrschst, hast du leicht die Kosten für dieses Buch wieder hereingeholt. Aber denk daran, Feilschen ist ein Spiel. Es lohnt sich nicht, sich aufzuregen oder gar unfreundlich zu werden. Der Händler kommt dir eher entgegen, wenn du ihm sympathisch bist. Wenn er nicht zu sehr beschäftigt ist, macht es ihm sicher Spaß, diesen Kampf mit dir auszufechten. Nimm dir also genügend Zeit. Hast und Eile stoßen auf Unverständnis und bringen dir höchstens Feindschaft ein, dort, wo das Leben noch gemächlicher und leichter verläuft als zu Hause.

Es kann natürlich auch mal vorkommen, daß die Einheimischen um das handeln wollen, was du bei dir hast. Einmal, in einer Oase in der Sahara, bot man mir sieben – zähl das mal durch, sieben! – Kamele im Tausch gegen meine Reisebegleiterin. Weil ich keiner bin, der ein gutes Geschäft ausläßt, hörte ich aufmerksam zu, während der angehende Käufer eingehend die Zähne meiner Freundin Kay unter die Lupe nahm. Ich hatte ihn schließlich auf sieben Kamele, zwölf Ziegen und zwei Dattelpalmen hinaufgetrieben, als Kay endlich zustimmte, für dieses Buch ein Kapitel darüber zu schreiben, wie man auf Reisen mit aufdringlichen Männern fertig wird. Nachdem sie oft mit mir gereist ist, behauptet sie, zumindest Expertin für einen dieser Typen zu sein.

Freihäfen

Nicht nur auf Märkten kann man glänzende Geschäfte machen. In den überall auf der Welt existierenden Freihäfen kauft man besonders billig ein, weil sie von den landesüblichen Steuern verschont bleiben. Besonders günstig sind Hongkong und Singapur. Hier bekommt man Alkohol, Uhren, Kameras oder Stereoanlagen für die Hälfte des sonst üblichen Preises.

Wenn du ein teures Stück kaufen willst, dann geh zu

einem seriösen Händler, der vom Hersteller zum Verkauf autorisiert ist und der auch Fabrik-Garantie gibt. Die Garantie vom Händler allein nützt nur wenig. Vergleiche die Nummer auf der Garantiekarte mit der Seriennummer des Produkts.

Beim Einkauf in Freihäfen solltest du von Händler zu Händler gehen und so lange hart feilschen, bis du wirklich einen dir annehmbar erscheinenden Preis erzielt hast. Geh dann zu einigen anderen Händlern und biete ihnen einen um fünf oder zehn Dollar niedrigeren Preis. Und wenn du da lauter Abfuhren bekommst, weißt du, daß du dein Bestes versucht hast. Du kannst am Schluß ja immer noch zu dem Händler gehen, bei dem du vorher den günstigen Preis ausgehandelt hattest.

Anders als die Geschäfte in Städten bieten die Duty-free-Shops auf Flughäfen oder an Grenzen nur geringe Preisnachlässe, weil ihnen die Konkurrenz fehlt. Diese Geschäfte solltest du meiden. Dort sind nur Alkohol und Zigaretten billiger.

Du kannst natürlich auch auf andere Weise beim Reisen Geld sparen. Geh der Touristen-Saison in den Feriengebieten aus dem Weg. Im Sommer und während der Weihnachtszeit ist die Mittelmeerküste ein viel zu teures Pflaster für unsereins. Überleg es dir zweimal, bevor du an einer Führung teilnimmst. Miete dir ein Boot von Fischern und nicht von einem teuren Hotel. Erkundige dich überall nach Ermäßigungen für Jugendliche und Studenten.

Ein Trick, kostenlos über die Runden zu kommen, von der Autoreparatur bis zu freier Wohnung und kostenlosem Essen, soll hier besonders erwähnt werden. Ein listiger Franzose bereiste auf diese Weise den ganzen Nahen Osten. Er ging zu einer Zeitung und bot sich an, Artikel über seine Reisen zu schreiben, die immer sehr interessant seien. Dafür verlangte er lediglich ein Schreiben der Zeitung, aus dem hervorging, daß er für diese Zeitung arbeitete. Dann suchte er Werkstätten, Hotels und Restaurants auf und fragte, ob sie Interesse an billiger Werbung hätten. Die Kosten: eine Reparatur, eine Übernachtung oder eine Mahlzeit. Er schrieb dann seine Story und erwähnte den Namen des glücklichen Eigentümers, für den dies wirklich ein gutes Geschäft war.

Jeder war zufrieden: die Besitzer der Geschäfte, die Zeitung und vor allem der Franzose. Sie schickten ihm sogar Beleg-Exemplare nach Frankreich!

Hilfe – meine Reisekasse ist leer!

Ein Job findet sich immer

Die Leute, die im Ausland arbeiten, zerfallen in zwei große Gruppen. Die einen sind in erster Linie an der Arbeit selbst interessiert und leben für meist längere Zeit in dem betreffenden Land. Die anderen wollen sich damit vor allem Geld verdienen, um ihre Reise fortsetzen zu können. Beiden gemeinsam ist der Wunsch, die Lebensweise fremder Menschen kennenzulernen. Die gutbezahlten Jobs werden gewöhnlich schon vor der Abreise arrangiert und sind vor allem für Leute mit speziellen Kenntnissen. Geschäftsleute, Lehrer, Ärzte und Menschen mit ähnlichen Berufen wissen meist über die Arbeitsmöglichkeiten im Ausland Bescheid oder können sich leicht darüber informieren. Ärzte werden zum Beispiel über die Vereinten Nationen vermittelt, Lehrer über Universitäten oder ähnliche Einrichtungen. Man kann dabei auch entsprechende Behörden der Bundesregierung einschalten oder etwa das Goethe-Institut. Auch Studenten-Organisationen vermitteln Jobs ins Ausland. So kann man zum Beispiel in einem Kibbuz in Israel arbeiten.

Die Tips, die ich hier gebe, sind jedoch nicht für die

„Profis" gedacht, sondern für all jene, die nur hin und wieder unterwegs jobben wollen, um ihre Reisekasse aufzubessern.

Die am besten bezahlten Jobs gibt es in den Industrieländern. Die Methoden, dort Arbeit zu finden, sind die gleichen wie daheim. Allerdings hat man's als Ausländer dabei noch mit speziellen Problemen zu tun. Unterwegs wirst du viele Australier, Amerikaner, Neuseeländer, Kanadier, Japaner und Europäer treffen, die dir nicht nur sagen können, wie man in ihren Ländern an Jobs kommt, sondern auch, wie man dabei mit den Behörden klarkommt. In Japan sind zum Beispiel Englischlehrer sehr gefragt. Am besten gehst du zeitig in die Botschaft des betreffenden Landes und erkundigst dich nach den Arbeitsvorschriften für Ausländer. Leute mit speziellen Kenntnissen sollten nach Möglichkeit entsprechende Papiere (Zeugnisse, Diplome usw.) mitnehmen, die ihre Fähigkeiten beweisen.

Jobs mit Lokalkolorit

Im Mittelpunkt dieses Buches stehen ja die weniger entwickelten Länder, und dieses Kapitel macht da keine Ausnahme. Reich wird man durch die Jobs in diesen Ländern zwar nicht gerade, dafür ist aber die Arbeit dort um so interessanter. Und, was besonders angenehm ist, man kriegt die Jobs unmittelbar an Ort und Stelle. Meist handelt es sich hier um Schwarzarbeit, von der die Behörden nichts erfahren.

Wenn du in ein Land einreist, in dem du auch ein

bißchen jobben willst, sag besser nichts davon an der Grenze. Selbst dann, wenn du dort legal arbeiten dürftest, könnte der betreffende Grenzbeamte einen Schwager haben, der arbeitslos ist, und sauer sein, daß da irgend so ein Fremder daherkommt und ihm die Arbeit wegnimmt. Manchmal kann dir der Arbeitgeber bei der Beschaffung der Arbeitserlaubnis helfen. Aber hüte dich vor Firmen, die dir hoch und heilig versprechen, die Sache mit den Papieren zu regeln und die dich dann von Tag zu Tag vertrösten. Wenn du rausgeworfen wirst oder von selbst gehst, könntest du plötzlich sozusagen illegal im Land sein und die größten Schwierigkeiten bekommen.

Für die Arbeit auf Farmen kriegt man recht wenig bezahlt, meist hat man nur freie Wohnung und Verpflegung, aber diesen Job bekommt man überall auf der

Welt, er macht Spaß, und man lernt Land und Leute kennen. Du brauchst nur einen Bauern zu fragen, und schon pflückst du Äpfel in Schweden und pflanzt Reis in Indonesien. Gutes Geld kann man bei der Weinernte vor allem in Frankreich verdienen. Die Weinlese beginnt, je nachdem, im Spätsommer oder Frühherbst. Man wird anständig bezahlt und kann gratis Wein in rauhen Mengen trinken.

Für geringe (oder gar keine) Bezahlung kann man überall arbeiten, alles, was einen interessiert, man muß nur fragen. Und auch für jene unter uns, die ein bißchen mehr wollen, als nur ihren Hunger stillen, sind die Möglichkeiten nahezu unbegrenzt.

Einer der besten Jobs ist das Schreiben für fremdsprachige Zeitungen. Es gibt zwar nicht viel Geld, aber vielfältige andere Vergütungen. Ich habe das fünf Monate lang in Costa Rica ausprobiert, viel gelernt, umsonst in guten Restaurants gespeist und bin sogar kostenlos operiert worden. Ich bin durch das Land gereist, habe viele interessante Leute kennengelernt und weiß nun ganz gut Bescheid, wie man Höhlen erforscht, auf hohe Berge klettert oder im Dschungel überlebt.

Du kannst aber auch als freier Mitarbeiter für deine Zeitung daheim arbeiten, ihr Reiseberichte und Fotos schicken. Oder du gibst irgendwo Nachhilfeunterricht in Deutsch. Ich kenne einen Kanadier, der durch die Welt reist und sich sein Geld mit Holzschnitzarbeiten verdient, und ich traf einen Amerikaner, der den Touristen in Bali die Zukunft voraussagte. Er kam dabei auf einen ganz hübschen Stundenlohn. Babysitten bringt zwar nicht viel Geld, aber besten Kontakt mit den Familien. Du kannst auch als Barkeeper oder Kellner in Feriengebieten arbeiten. Oder als Hoteldiener und Gepäckträger. Oder du spendest Blut für gutes Geld. Aber bitte nicht zu oft und nur dort, wo es wirklich hygienisch zugeht.

Attraktive Mädchen können auch als Kellnerin etwa in Hongkong oder Singapur eine Stange Geld verdienen. Eine Freundin machte da mal eine wirklich spaßige Erfahrung. Sie arbeitete in einem etwas finsteren Klub in Hongkong, aber tatsächlich nur als ehrbare Kellnerin. Ein reicher Chinese, der mehr hinter ihrem Job vermutete, bot ihr 1000 Dollar an, um ihr damit den Weg in ein „besseres und würdigeres Leben" zu ebnen. Das Mädchen aus Iowa nahm das Geld dankend an, kündigte ihren Job und versprach von nun an ein „Leben ohne Sünde" zu führen. Mit einem verrückten Burschen aus New York hat sie dann allerdings beinah ihr ganzes Geld in einem Spielkasino auf Macao verspielt, wo es von Ölscheichs, reichen Reedern und asiatischen Kinostars nur so wimmelt. Sie setzten 500 Dollar auf Rot und ließen es so lange stehen, bis sie 3000 Dollar zusammen hatten. Dann wechselten sie plötzlich auf Schwarz, aber es kam wieder Rot – und das ganze Geld war futsch. Sie sagten sich, wie gewonnen so zerronnen, lachten und gingen wieder auf Reisen. Draußen auf der Straße lernt man die Dinge eben leichter zu nehmen.

Ich selbst habe auch oft als Übersetzer gearbeitet. Unter anderem habe ich die in einem fürchterlichen

Englisch abgefaßten Prospekte von Touristikunternehmen und sogar die Speisekarten von Restaurants in ein annehmbares Englisch gebracht.

Insbesondere in Kneipen, die von im Lande selbst lebenden Ausländern frequentiert werden, hört man immer wieder von interessanten Jobs. Eine Schweizerin, die sich für längere Zeit in der Türkei aufhielt und in einer Bar in Istanbul arbeitete, konnte so fast jedem Reisenden, der auf Arbeitssuche war, einen Job vermitteln. Auch die Bars in Häfen sind gute Umschlagplätze für Jobs. Ich habe schon auf einem spanischen Fischerboot und auf einem griechischen Dampfer in Hongkong gearbeitet. Hier traf ich eine wahrhaft bunt zusammengewürfelte Gesellschaft: Männer aus allen Ecken der Welt, die locker in sechs verschiedenen Sprachen fluchen konnten. Freunde von mir haben viel Geld als Arbeiter bei Ölfirmen verdient. Firmen, die im Dschungel nach Öl suchen, bezahlen sehr gut, allerdings für eine Knochenarbeit.

Andere wiederum verdienen sich ihren Lebensunterhalt dadurch, daß sie bestimmte Dinge günstig einkaufen und woanders wieder teurer verkaufen. Wenn man zum Beispiel von Ägypten in den Sudan reist, kann man mit dem Verkauf von Speiseöl im Sudan einen gesunden Profit machen. Zwiebeln von Sri Lanka kann man günstig in Indien absetzen. Eine Zehn-Dollar-Uhr, gekauft in Japan, Hongkong oder Singapur, bringt 50 Dollar in Birma und 40 Dollar in Indien. Wenn du zwei Kameras in Singapur kaufst, erhältst du für nur eine davon in Indien so viel Geld, daß dich die andere praktisch nichts kostet. In Panama kaufen und in Peru verkaufen, wirft auch ganz schön was ab. Vor allem bei Kassettenrecordern und Digitaluhren.

Ein harmloses, aber recht einträgliches Geschäft kann man in manchen Ländern auch schon damit machen, daß man seine eigenen T-Shirts oder Bluejeans gewinnbringend absetzt. Besonders begehrt sind oft die T-Shirts mit den knalligen Aufschriften.

Gesund bleiben

Über Impfungen, Tropenkrankheiten, hinterlistige Tiere, Erdbeben und ähnliche unerfreuliche Dinge

Die technischen Details in diesem Kapitel stammen von verschiedenen Ärzten. Da natürlich in medizinischen Dingen, wie auch auf einigen anderen Gebieten, die Kapazitäten nicht in jedem Punkt übereinstimmen, ließ ich das folgende Kapitel von dem amerikanischen Arzt Dr. Herbert Sigmond überprüfen, der in London Tropenmedizin studiert hat, längere Zeit als Arzt in Afghanistan tätig war und außerdem ausgedehnte Reisen durch Asien, Afrika und Lateinamerika unternommen hat.

Um deine Gesundheit mußt du dich natürlich in erster Linie selbst kümmern. Wenn du eine lange Reise planst, solltest du auf jeden Fall vorher mit deinem Hausarzt sprechen und dich gründlich durchchecken lassen. Bei einem mehrjährigen Trip solltest du dich auch unterwegs regelmäßig untersuchen lassen.

Eine Krankenversicherung schadet dir bestimmt nicht. Die Bundesrepublik Deutschland hat mit allen EG-Ländern und mit einigen anderen Staaten ein Sozialversicherungsabkommen geschlossen. Wenn du also in diese Länder reist, bekommst du von deiner Krankenkasse einen Berechtigungsschein, der dann im Ausland in einen Krankenschein umgewandelt wird. Eine zusätzliche private Krankenversicherung fürs Ausland ist sehr zu empfehlen, vor allem dann, wenn du in die Schweiz, nach Schweden oder Bulgarien, in die USA oder nach Afrika, nach Asien oder Südamerika reist.

Du hast allen Grund, Respekt vor den Krankheiten in weniger entwickelten Ländern zu haben. Sie sind die wirklichen Gefahren im Ausland und bedrohen dich weit mehr als Schlangen, Haie oder messerschwingende Beduinen. Aber glücklicherweise kann man sich gegen sie schützen, und im Ernstfall ist auch gegen jede Krankheit ein Kraut gewachsen. Meistens ist es nur der ausgesprochen unvorsichtige und unerfahrene Reisende, der da echte Probleme haben kann.

Stell dich drauf ein, daß die Ärzte in fremden Ländern etwas spärlicher gesät sind, als du es von zu Hause her gewöhnt bist, und daß ihre Behandlungsmethoden vielleicht nicht auf dem neuesten Stand sind.

Grundkenntnisse in Erster Hilfe solltest du schon haben. Du fährst ja auch nicht mit dem Auto ins Ausland, ohne wenigstens ein bißchen über die wichtigsten Reparaturen Bescheid zu wissen.

Mit kleinen Problemen wie wundgescheuerten Füßen oder Fußpilz kannst du dich ruhig an einen Apotheker wenden. Damit meine ich einen wirklich zugelassenen und staatlich anerkannten Apotheker und nicht irgendeinen Burschen, der sich besser damit begnügen sollte, dir was über Haarwaschmittel oder Lippenstiftfarben zu erzählen. Wenn du ernsthaft erkrankst, mußt du unbedingt sofort zu einem Arzt gehen. Such dir speziell in den weniger entwickelten Ländern einen Arzt, der in Europa oder Amerika studiert hat. Der örtliche Metzger hilft dir da wenig.

Frag in den Botschaften, bei Militär-Stützpunkten, in erstklassigen Hotels und direkt in Hospitälern nach einem zuverlässigen Arzt. In vielen Ländern ist die medizinische Betreuung kostenlos oder zumindest ziemlich billig. In Costa Rica zahlte ich für eine Generaluntersuchung samt Röntgenaufnahme der Lunge, für Impfungen gegen Tetanus und Pocken und einige hundert Malaria-Tabletten insgesamt nur lächerliche 70 Cents, damals ungefähr 1,50 DM.

Essen und Trinken

Mit einiger Vorsicht und Vernunft kannst du gesundheitliche Probleme unterwegs meist vermeiden. Hör nicht auf solche Fatalisten, die eine Hepatitis schicksalergeben hinnehmen und meinen, da kann man eben nichts dagegen machen. Einige Leute, besonders jene, die verschmutztes Wasser trinken, haben wohl auch nichts anderes verdient. Nachdem ich, noch während meiner College-Zeit, zwei Sommer lang kreuz und quer durch Europa gereist war, und dort auch gearbeitet hatte, glaubte ich, nun könne ich alles essen und trinken. Aber auf den Reisen durch Länder, in denen die durchschnittliche Lebenserwartung noch bei 30 oder 40 Jahren liegt, bin ich eines Besseren belehrt worden.

Meistens ist das Wasser in fremden Ländern ja durchaus genießbar, aber an manchen Orten trinken es sogar die Einheimischen nicht. Dann solltest du erst recht die Finger davon lassen. Dort, wo man noch menschliche Exkremente als Dünger benützt, können die Brunnen durch das Grundwasser von so gedüngten Feldern verschmutzt sein. Aber selbst in manchem „Luxus-Restaurant" ist das Wasser nicht viel besser als das Zeug in der Kanalisation. Nahrungsmittel, die im Freien aufbewahrt werden, können durch Fliegen oder anderes Ungeziefer infiziert sein. Und alles, was du ißt, könnte von jemandem zubereitet worden sein, der zwischendurch seine Hand für „hinterlistige Zwecke" benutzt hat.

Laß dich nicht erschrecken. Ich behaupte nicht, daß Sauberkeit und Hygiene in solchen Ländern grundsätzlich Fremdwörter sind. Ich habe oft genug jedes Wasser getrunken und alles gegessen, was mir vorgesetzt wurde, allerdings mit jener Vorsicht, die auf Erfahrung basiert. Vertrauenswürdige Einheimische oder dort lebende Ausländer können dir immer sagen, wo man Wasser gefahrlos trinken kann und wo nicht.

Im Zweifelsfall solltest du aber besser auf Nummer sicher gehen. Es gibt wohl immer Tee, gekochte Milch, Wasser in Flaschen, gerade gekochte Speisen oder Früchte und Gemüse, die man schälen kann. Frische, nichtpasteurisierte Milch ist meistens, aber nicht immer, in Ordnung. So wurden zum Beispiel in Mexiko viele Leute krank, weil sie nichtpasteurisierte Milch tranken, die von tuberkulösen Kühen stammte.

Joghurt und Käse sind in der Regel ungefährlich, aber in manchen Ländern würde ich an deiner Stelle immer nur solche Milcherzeugnisse nehmen, die pasteurisiert worden sind. In kleinen, abgelegenen Dörfern kaufst du solche Sachen am besten überhaupt nicht. Zerbrochene Eier können Diphtherie-Bakterien enthalten, aber wenn du einer von denen bist, die gleich in die Küche rennen, um zu sehen, was so alles in dein Omelett kommt, dann machst du dich nur selber krank. Es sieht so aus, als seien es gerade immer die überängstlichen Pedanten mit den sterilen Mägen, die stets krank sind oder dauernd auf dem Topf sitzen. Verdammt noch mal, du willst doch was vom Leben haben! Oder?

Zur Not kann man unsauberes Wasser in der Weise trinkbar machen, daß man den trüben Satz entfernt und das Wasser dann zehn Minuten lang kochen läßt. Das tötet alles ab. Wasser in Flaschen sollte man vor dem Genuß schütteln oder es zwischen zwei sauberen Behältern hin und her gießen. Dadurch wird das Wasser durchlüftet und bekommt so einen annehmbaren Geschmack. Chlortabletten bewirken nur wenig und taugen überdies oft nichts. Neuere Untersuchungen haben gezeigt, daß ihre Wirkung durch hohe Temperaturen stark beeinträchtigt wird. Die Haltbarkeitsdauer von Chlortabletten beträgt übrigens zwei Jahre. Aber woher willst du wissen, wie lange die Pillen, die du gekauft hast, schon im Regal der Apotheke gestanden haben?

Viel wirkungsvoller ist Jod in Pillenform oder als Tinktur. Jodtinktur, die man schon lange als Antiseptikum benützt, bekommt man fast überall, und sie ist billiger als Pillen. Nimm 8 Tropfen davon für einen Viertelliter klares Wasser, oder 16, wenn das Wasser trüb ist, und warte eine halbe Stunde mit dem Trinken. Das Zeug schmeckt dir wahrscheinlich besser, wenn du ein paar Tropfen Zitronensaft dazugibst. Wenn du das Jod in einer Plastikflasche aufbewahrst, wird sich die Flasche gelb färben, aber das macht nichts. Du mußt nur aufpassen, daß der Verschluß gut zu ist. Sonst siehst du nur noch „gelb", wenn du in deinen Rucksack schaust.

Reiseapotheke

Gegen die unvermeidlichen kleineren Schwierigkeiten und Probleme solltest du mit Hilfe einer Reiseapotheke gerüstet sein. Der Inhalt muß natürlich auf die Länder abgestimmt sein, in die du reisen willst. Aspirin und selbstklebende Bandagen genügen wahrscheinlich in Rio, wo du an jeder Ecke auf eine Apotheke stößt. Aber wenn du im Kanu den Orinoko hinunterpaddelst, brauchst du schon ein bißchen mehr.

Fast alle Arzneimittel bekommt man im Ausland ohne Rezept, das ist jedenfalls meine Erfahrung, und so braucht man nicht viel mit sich herumzuschleppen. Die Behörden scheinen anzunehmen, daß die Leute vernünftig sind, und keine Trottel, die den Laden auskaufen und dann verschwinden. Laß dir aber vorher von deinem Arzt sagen, welche Medikamente du verträgst und welche nicht. Sei vorsichtig mit Medikamenten, die du im Ausland ohne Rezept, zu Hause aber nur gegen Rezept bekommst.

Eine Reiseapotheke könnte etwa folgende Dinge enthalten, falls du überhaupt soviel mit dir herumtragen willst:

Kopfschmerztabletten

Lutschtabletten gegen Halsweh

Mittel gegen Fieber

Magentabletten (Antacida)
Arznei gegen Durchfall (Kohle)
Abführtabletten
Augen- und Nasentropfen
Schutzmittel gegen Mückenstiche
Mittel gegen Sonnenbrand
Einreibemittel gegen Verstauchungen oder Blut-
ergüsse
Tinktur zur oberflächlichen Wunddesinfektion
Verbandspäckchen und Pflaster
Schere mit abgerundeten Spitzen
Fieberthermometer in Blechhülse.

Welche weiteren Medikamente dein eigener Gesund-
heitszustand und die Besonderheiten deiner Reiseländer
erfordern, laß dir von deinem Hausarzt sagen.

Neuerdings gibt es in Deutschland auch kleine, prak-
tische Reiseapotheken in Plastiktaschen, die das Not-
wendigste (auch ein Fieberthermometer) enthalten und
noch Platz für deine persönlichen Medikamente haben.
Die ziemlich flache Tasche ist etwa 25 × 10 Zentimeter
groß und in allen Apotheken erhältlich.

In Gebiete, die von der Malaria verseucht sind, und
das sind in den Tropen fast alle, mußt du entsprechende
Tabletten sowie ein Schutzmittel zum Einreiben gegen
Insekten und Moskitos mitnehmen. Ein Moskitonetz
tut hier auch sehr gute Dienste.

Wenn du längere Zeit in unbewohnten Gegenden
verbringen willst, solltest du Vitamin C mitnehmen.
Damit beugst du vielen Krankheiten vor, oder du
kannst mit entsprechenden Vitamin-C-Dosen zumin-

dest bereits auftretende Symptome bekämpfen. Gerade Raucher brauchen dieses Vitamin, denn jede Zigarette zerstört 30 Milligramm Vitamin C im Körper.

Spezielle Medikamente, die dir dein Arzt verschrieben hat, mußt du in ausreichender Menge von daheim mitnehmen. Im Ausland gibt es sie vielleicht nicht. Steigere die Dosis eines Medikamentes nicht, wenn es nicht gleich wirkt, denn das könnte gefährlich werden.

Die meisten Arzneien müssen in gut verschlossenen Behältern transportiert werden, um sie vor Feuchtigkeit zu schützen. Viele vertragen auch Hitze ausgesprochen schlecht.

Schutzimpfungen

Für Reisen in ferne Länder sind Impfungen unerläßlich. Sie schützen dich vor vielen üblen Krankheiten, die du unterwegs erwischen kannst. Um der rostigen Nadel auf irgendeinem gottverlassenen Flugplatz zu entgehen, mußt du dir zu Hause alle notwendigen Schutzimpfungen, die in dem gelben, international anerkannten Impfpaß stehen, verpassen lassen. Welche, das hängt natürlich von deinen Reisezielen ab.

Beginne rechtzeitig mit den Impfungen, es gibt da ganz bestimmte Zeitvorschriften. Im Ausland kann man sich oft auch umsonst impfen lassen. Allerdings hapert's da manchmal mit der Hygiene. Einmal in Marokko schien es mir, als ob mein Freund und ich mit derselben Nadel gegen Cholera geimpft worden wären. Die Schwester arbeitete so flink, daß ich es nicht genau sehen konnte. Aber immerhin, alles andere ist besser als Cholera.

Wenn du eine geforderte Impfung nicht machen kannst, weil du sie nicht verträgst, laß dir das von den zuständigen Behörden bestätigen. Bei der Einreise ins Land legst du diese Bestätigung vor. Vielleicht klappt es dann ohne die verlangte Impfung, vielleicht auch nicht. Dann mußt du dir eben ein anderes Reiseziel suchen.

In Deutschland kann man bei der Auslandsvertretung des entsprechenden Landes, im Reisebüro oder bei den Gesundheitsämtern erfahren, welche Impfungen für ein bestimmtes Reisegebiet vorgeschrieben sind. Da diese Impfungen, wie gesagt, auch wegen der Kontrolle der Reaktionen, mehrere Wochen in Anspruch nehmen, solltest du etwa sechs Wochen vor Reiseantritt mit deinem Arzt darüber sprechen.

Pflichtimpfungen gibt es nur noch wenige. Die Pokkenschutzimpfung wird nur noch im Tschad und in Kambodscha verlangt. Die Gelbfieberimpfung wird für Reisen nach Zentralafrika, den Norden Südamerikas und für bestimmte Staaten Mittelamerikas gefordert oder empfohlen.

Folgende Impfungen kommen in Frage:

Cholera: Vor Reisen in Länder, aus denen Cholera-Fälle gemeldet wurden, soll man sich unbedingt gegen diese Krankheit impfen lassen. Die Impfung bietet jedoch nur einen begrenzten Schutz und macht keinesfalls die Vorsicht – besonders bei Speisen und Getränken – überflüssig. Die Symptome sind Durchfall mit Blut und rapider Gewichtsverlust. Die Hauptgefahr liegt dabei im enormen Flüssigkeitsverlust. Wenn du glaubst, daß es dich erwischt hat, trink soviel Flüssigkeit wie möglich und geh schnell zum Arzt.

Tetanus (Wundstarrkrampf): Wundversorgung allein schützt nicht vor Tetanus. Du solltest dich impfen lassen. Zur Selbsthilfe kannst du die Wunde mit Seife und Wasser reinigen, eine antibiotische Salbe drauftun und das Ganze mit einem sterilen Verband schützen. Ein Nagel muß nicht unbedingt rostig sein, um dich zu infizieren. Tetanus gibt es überall auf der Welt – Reisende sollten gegen ihn gewappnet sein.

Polio(myelitis) (Kinderlähmung): tritt in südlichen Ländern noch häufiger auf als bei uns. Wer noch nie dagegen geimpft wurde oder wessen Impfung länger als 10 Jahre zurückliegt, der sollte sich impfen lassen. Dies gilt besonders für Jugendliche und Kinder.

Diphtherie: ist in vielen südlichen Ländern noch ziemlich verbreitet.

Tuberkulose: kommt gerade in den Tropen nicht selten vor. Laß dich impfen, wenn du tuberkulin-negativ bist und der Aufenthalt länger dauern soll.

Typhus: gibt es in gewissen hochgelegenen Gebieten in Afrika, Asien und Südamerika und wird von infizierten Zecken übertragen. Symptome: hohes Fieber, schwere Kopfschmerzen, schwarzroter Kot.

Pest: ist sehr selten, vereinzelt in Vietnam, Laos und Kambodscha. Frag einen Arzt, wenn du dorthin fahren willst.

Masern: Wenn du zu den Glücklichen gehörst, die niemals Masern gehabt haben, dann laß dich impfen, wenn du nach Afrika fährst.

Hepatitis (Leberentzündung): In den ärmeren Ländern kann man sie erwischen. Bei Hepatitis fühlt man sich hundeelend. Die Augen werden gelb, der Urin färbt sich schwarz, und man ist so müde, daß man nicht mal mehr vom Bett hochkommt. Die Ursache für Hepatitis ist oft schlechtes Essen und vor allem schlechtes Wasser.

Pocken und *Gelbfieber* habe ich schon unter den Pflichtimpfungen erwähnt. Die Pocken sind immer noch nicht ganz ausgerottet. In Teilen von Afrika und Zentralasien gibt es sie noch. Es fängt ähnlich an wie bei einer Erkältung, aber wenn die Pocken erst mal erscheinen, ist es meist schon zu spät. Also impfen lassen! Auch gegen Gelbfieber. Es ist in den Dschungelgebieten von Zentralafrika, Mittelamerika und des nördlichen Südamerika verbreitet. Diese bei Erwachsenen oft tödlich verlaufende Krankheit wird von Gelbfiebermücken übertragen.

Krankheiten in den Tropen

Gegen die Malaria, eine der häufigsten Tropenkrankheiten, kann man sich leider nicht impfen lassen. Um einer Ansteckung zu entgehen, kann man lediglich Tabletten schlucken. Wann und in welchem Abstand du die Tabletten gegen Malaria nehmen sollst – in der Regel ab zwei Wochen vor der Einreise und bis zu sechs

Wochen nach der Ausreise aus malariagefährdeten Gebieten – und welches Quantum, das laß dir von einem erfahrenen Arzt sagen.

Die Malaria wird von der Malaria- oder Fiebermücke übertragen. Schon ein Stich dieses Moskitos genügt, um Malaria zu verursachen. Tatsächlich hat es schon Leute erwischt, während sie in den Tropen von einem Flugzeug ins andre umstiegen. Die Fiebermücke kann dich durch Jeans und Hemd hindurch stechen. Deswegen brauchst du beim Schlafen einen sicheren Schutz. Ein Einreibemittel allein genügt oft nicht. Ein Moskitonetz, das du an Ort und Stelle kaufen kannst, lohnt sich auf jeden Fall. Ich hatte einmal 44 Moskitostiche im rechten Oberarm, weil ich ungeschützt im Busch übernachtete. Aber es gibt viele Arten von Moskitos, und nur wenige davon sind Fiebermücken, von denen auch wiederum nur wenige infiziert sind.

Malaria beginnt mit hohem Fieber und mehrmals am Tag auftretendem Schüttelfrost. Dann nichts wie zum Arzt. Leider kommen verschiedene Malaria-Arten nach einigen Jahren wieder.

Mit äußerster Vorsicht zu genießen sind so manche Gewässer, insbesondere in Ägypten, Malaysia und in weiten Teilen Westafrikas. Hier kann man recht unangenehme Bakterien (die Leptospiren) und Saugwürmer (Bilharzia) erwischen. Die besonders in Ägypten sehr verbreitete Bilharziose ist nach der Malaria die zweithäufigste Krankheit in den Tropen. Stürze dich also nicht unbesehen in jeden See oder Fluß, auch wenn's dir noch so heiß ist.

Der Hakenwurm wiederum lauert im Gras und bohrt sich in die Fußhaut, wenn du keine Schuhe oder Sandalen trägst. Er kann sich in deine „Innereien" vorarbeiten und Blutkrankheiten bewirken.

Aber es gibt auch andere Probleme. Viel häufiger als die berüchtigten Tropenkrankheiten sind jene kleinen, aber sehr lästigen Leiden, mit denen man nicht selten unterwegs zu tun hat. Durchfall zum Beispiel kommt sehr oft vor. Man nennt ihn auch die „Rache Montezumas", und die überfällt einen völlig überraschend. Einen Tag lang saß ich einmal alle fünfzehn Minuten auf dem Topf und hätte dem Teufel meine Seele für einen soliden Stuhlgang verschrieben. Mein bester Freund verbrauchte einst in Mexiko in Windeseile seinen ganzen Vorrat an Toilettenpapier und griff dann in der Not auch noch zu einem Buch, das er gerade lesen wollte. Er konnte gar nicht so schnell lesen, wie er die Blätter herausreißen mußte. Außerdem mußte der arme Kerl dauernd aufstoßen und hatte zu allem Überfluß auch noch Filzläuse. Sein Atem stank so nach Schwefel, daß ihn seine eigene Mutter weggeschickt hätte. Obendrein machten ihn die Läuse fast verrückt, weil es juckte wie die Pest.

Er sprach kein Wort Spanisch, und der Apotheker verstand zwanzig Minuten lang nur Bahnhof. Obwohl ich gut Spanisch spreche, konnte ich ihm auch nicht viel helfen, weil ich vor lauter Lachen kein vernünftiges Wort rausbrachte. Schließlich deutete er ebenso verzweifelt wie schauspielerisch gekonnt auf seinen Schritt und zeichnete dazu jenes kleine Tier auf, das ihn so plagte. Endlich verstand der Apotheker, worum es ging, und half meinem Freund aus der Klemme.

Achte, wie gesagt, sorgfältig darauf, was du ißt und trinkst. Wenn's mal passiert ist, iß nichts Festes und trinke viel. Opiate helfen, den Durchfall zu lindern, aber mach dir das nicht zur Gewohnheit. Du könntest süchtig werden oder damit andere Krankheitssymptome, die dich warnen würden, überdecken. Ruhr kommt nur noch selten vor.

Bei Erkältungen und leichtem Fieber solltest du dich ein paar Tage ausruhen, viel trinken, und wenn notwendig ein paar Aspirin schlucken. Führ dir bei den ersten Anzeichen vor allem Vitamin C zu.

Bei Rißwunden und Infektionen reinigst du die Wunde mit Seife und sauberem Wasser. Eine offene Wunde versorgst du mit einem sterilen Verband, der bis zur Schorfbildung draufbleibt. Wenn Rötung, Schwellungen und Schmerzen auftreten, ist der Riß infiziert. Tu eine Salbe drauf, und halte die Wunde sauber.

Auch Blasen können dich ganz schön beeinträchtigen. Halt deine Füße sauber und wechsle so oft wie möglich die Socken oder Strümpfe. Wenn du dir neue Schuhe oder Sandalen kaufst, lauf sie langsam ein, und wirf die alten erst dann weg, wenn du gut in den neuen gehen kannst. Sobald deine Füße ein bißchen wund werden, wechselst du die Schuhe. Man kann's auch mit neuen Socken versuchen oder aber wenigstens den linken auf den rechten Fuß ziehen und umgekehrt. Oder ein zweites Paar über das erste anziehen. Bandagen oder Pflaster helfen auch.

Wenn es schon zu spät ist, kann man zu einem Hausmittel greifen. Trage auf die Blase eine Mixtur aus heißem Wachs (von einer Kerze) und Alkohol auf und laß das Zeug über Nacht drauf. Wenn das nicht hilft, dann laß die Blase Blase sein, oder sterilisiere eine Nadel in einer Flamme und stich die Blase an der Oberfläche auf. Drück die Flüssigkeit heraus und behandle die Sache wie eine Riß- oder Schnittwunde.

Tierbisse

In Gebieten, in denen Skorpione und Schlangen rumschleichen, sollte man die Stiefel und auch den Schlaf-

sack sorgfältig überprüfen, ehe man hineinschlüpft. Bisse von giftigen Schlangen hinterlassen zwei saubere Löcher, solche von ungiftigen ähneln mehr normalen

Schnittwunden. (Siehe Zeichnung). Die Bißwunden neigen zu Entzündungen. Die weitaus meisten Schlangen sind ungiftig, und alle Schlangen sind normalerweise sehr scheu. Selbst dann, wenn du von einer giftigen Schlange gebissen worden bist, muß nicht unbedingt Gift in den Körper gelangen. Warte deshalb, bis sich erste Symptome zeigen, ehe du drastische Maßnahmen ergreifst.

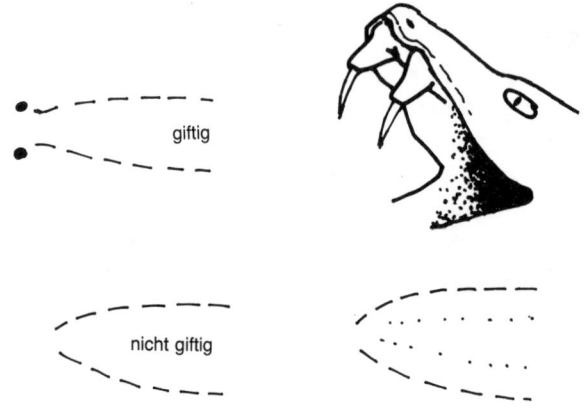

Stelle den gebissenen Körperteil auf jeden Fall ruhig, tauche ihn in kaltes Wasser, um die Blutzirkulation zu verlangsamen, und bringe eine Aderpresse zwischen Bißstelle und Herz an. Sie sollte so fest sein, daß sie die Zirkulation in den Venen, nicht aber in den Arterien unterbindet. Wenn du sie so festpreßt, daß du deinen Puls nicht mehr spürst, ist das betreffende Körperglied wohl bald reif für den Operationstisch. Die Aderpresse sollte alle 45 Minuten für 10 Minuten gelockert werden.

Wenn du keine Verletzungen oder Entzündungen im Mund hast, kannst du die Bißstelle aussaugen, kratz die Wunde aber nicht auf. Sterilisiere ein Messer oder eine Rasierklinge in einer Flamme und mach einen Schnitt über den Biß, etwa einen halben Zentimeter lang und tief. Paß auf, daß du bei der Prozedur keine Arterie und auch keinen Nerv erwischst. Deshalb solltest du ohne entsprechende Erfahrung besser nicht zum Messer greifen, wenn die Schlange dich in so kleine Gliedmaßen wie in Finger oder Zehe beißt.

Was du auch immer tust, bleib ruhig und besonnen, trink keinen Alkohol und versuch jemanden zu finden, der dich zum nächsten Arzt bringt.

Wenn du Geräusche machst oder mit den Füßen schlurfst, während du durch den Busch gehst, kannst du wahrscheinlich fünfzig Jahre lang wandern, ohne je eine giftige Schlange zu treffen, obwohl du zentimeternah an ungezählten vorbeigegangen bist. Trag Stiefel und feste Hosen im Dschungel, so daß die Schlange nicht bis auf die Haut durchbeißen kann oder aber nur eine winzige, oberflächliche Wunde verursacht. Mach grundsätzlich um jede Schlange einen weiten Bogen, wenn du nicht genau zwischen giftigen und ungiftigen unterscheiden kannst. Erschlag aber auch keine Schlange, wenn es nicht unbedingt sein muß. Von Erlebnissen mit Schlangen werden abenteuerliche Geschichten erzählt, aber laß dich dadurch nicht verrückt machen. Die meisten sind glatt erstunken und erlogen.

Viel mehr Ärger hat man eigentlich mit Zecken und Blutegeln. Überprüf deinen Körper eingehend, speziell die behaarten Gegenden, nachdem du sumpfiges oder dicht bewachsenes Gelände durchquert hast. Zecken und Blutegel kann man mit einem heißen, aber nicht brennenden Streichholz entfernen. Du mußt aber darauf achten, daß auch der Kopf mit entfernt wird, sonst gibt es böse Infektionen. Den Juckreiz kannst du mit Tabletten und Salbe, mit einer Ammoniak-Lösung oder auch mit Backpulver bekämpfen. Die Eingeborenen haben ein ganz einfaches Hausmittel: Sie urinieren auf die Bißstellen.

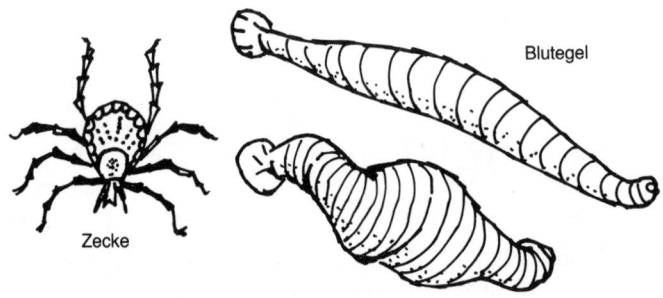

Blutegel

Zecke

Skorpione sind ungewöhnliche Lebewesen, die sich gelegentlich sogar gegenseitig zu Tode stechen. Auf Reisen hat man eigentlich wenig Probleme mit Skorpionen, vor allem dann, wenn man nicht überall unbesehen hinfaßt. Nur in der Sonora-Wüste von Mexiko und im Südwesten der USA sind die Skorpione echt gefährlich. Südlich davon und auch anderswo in den Tropen werden sie so wenig ernst genommen, daß man Schulkinder, die gestochen wurden, nicht einmal heimschickt. Aber sie können einen ganz schön erschrecken, und der Stich ist schmerzhaft.

Einmal fuhr ich mit zwei Freunden vom College im Landrover durch das Hinterland des südwestlichen Belize. Wir campierten am Abend auf einer Lichtung bei einer Quelle. In der Nähe lag ein überwuchertes, baufälliges, verlassenes Haus. Bernie und ich belegten das Zweimannzelt, Bruce mußte mit dem Rover vorliebnehmen. Aber im Auto war es ihm bei geschlossenen Fenstern zu heiß, und es gab zu viele Moskitos, wenn er sie öffnete. Also versuchte er, im Haus zu schlafen. Kurze Zeit später stand er vor unserem Zelt und murmelte, in dem Haus ginge irgendwas Unheimliches vor sich. Es gäbe laute, klickende Geräusche, und er könne nicht einschlafen.

Wir nahmen unsere Taschenlampen und untersuchten den Hausflur. Die Ursache für die geheimnisvollen Geräusche war nicht zu übersehen. Hier wimmelte es nur so von Skorpionen, und die meisten waren so unverschämt, daß sie sich von ihren Plätzen rund um Bruces Schlafsack nicht vertreiben ließen. Sie waren nicht weiter schlimm, aber Bruce zog es doch vor, die restliche Nacht im Auto zu verbringen.

Tollwütige Tiere

Hüte dich vor tollwütigen Hunden! Im Gegensatz zu gesunden, die bellen und herumspringen, zeigen tollwütige Hunde meistens keinerlei Furcht. Nimm einen Stock, wenn sich ein Hund so verrückt aufführt, und jag ihn davon. Wenn du ohne ersichtlichen Grund gebissen wirst, mußt du versuchen den Hund zu fangen und ihn zehn Tage lang beobachten. Stirbt der Hund, so ist die Situation ziemlich klar. Und dann nichts wie hin zum Arzt. Mit Tollwut ist nicht zu spaßen. Sobald die ersten Symptome auftauchen, wird's verdammt ernst. Natürlich beißen auch gesunde Hunde, wenn man sie reizt.

Wenn du mal von einem so friedfertigen Tier wie einem Eichhörnchen gebissen wirst, solltest du äußerst mißtrauisch werden. Geh sofort zum Arzt.

Höhenkrankheit

Wenn du nicht höher als etwa 4000 Meter hinauf willst, wirst du wahrscheinlich kaum mit den ernsten Auswirkungen von akuter Bergkrankheit zu tun haben. Die leichteren Formen der Höhenkrankheit äußern sich in Kopfschmerzen, Müdigkeit, schnellem Herzklopfen, Schlaflosigkeit, Appetitlosigkeit und gelegentlicher Übelkeit. In größeren Höhen soll man leicht, aber gut essen, viel Wasser trinken und sich an den ersten Tagen nicht überanstrengen. Wenn dir schwindlig wird, setz dich hin und atme tief durch. Wenn du dich trotzdem noch schwach fühlst, hör mit dem Rauchen auf, trink noch mehr Flüssigkeit und vermeide Alkohol. Vitamin E hilft auch.

Erst nachdem man sich akklimatisiert hat, kann man wieder zu allen früheren Lastern zurückkehren. Leute, die sich nicht an die Höhe anpassen können, die dauernd husten müssen, sehr müde sind und deren Puls auch dann rast, wenn sie ruhen, müssen auf niedrigere Höhen hinunter, bis sie wieder in Ordnung sind.

Heilpflanzen

Unterwegs, auf Reisen, wirst du vielleicht hin und wieder auch mal zu „natürlichen Heilmitteln" greifen. Unter Umständen einfach deshalb, weil weit und breit keine Apotheke in Sicht ist und auch kein Arzt greifbar ist. Ich persönlich kenne mich da nicht sehr gut aus, aber viele Leute schwören auf Heilkräuter.

So sollen zerquetschte geriebene Eukalyptusblätter gut gegen Insekten helfen, wenn man die Masse auf den Köper schmiert. Du kannst es auch mit Knoblauch versuchen, der dir wahrscheinlich alles mögliche andere auch noch vom Leib hält. Schlimmstenfalls hilft auch eine Mischung aus Nikotin und Speichel.

Gegen Durchfall und andere Magenerkrankungen empfehlen Kräuterkundige einen Tee aus Avocadoblättern, Pisangblättern oder Kamille, den man dreimal am Tag trinken soll. Reiner Zitronensaft ist auch nicht schlecht. Gegen Husten kannst du ein Gemisch aus Piniennadeln, Zypressenblättern, Mandarinenschalen und Honig kochen und dann den Sirup trinken. Dies Gebräu soll einfach himmlisch schmecken und hilft dir bestimmt, deinen Husten zu vergessen.

Heilkuren mit Pflanzen können manchmal sehr hilfreich sein. Schließlich gibt es sie seit Tausenden von Jahren, und einige haben sicher gewirkt. Jahrelang habe ich das Ohr eines Schafes am Hals getragen, das mir von einer Hexe aus Costa Rica empfohlen wurde. Und ich könnte schwören, daß ich in dieser Zeit nie von teuflischen Geistern gequält worden bin.

Erdbeben

In gewissen Gebieten kommen Erdbeben ziemlich häufig vor. Viele dieser Beben sind kaum wahrnehmbar, und die meisten richten überdies keine größeren Schäden an. Aber einige wenige verursachen enorme Schäden und fordern viele Menschenleben. Und glaub mir, diese Erdbeben sind furchtbar.

Die wirklich schweren Erdbeben-Schäden treffen meist ein nur sehr begrenztes Gebiet und die Chancen, daß du dich mal mittendrin befindest, sind nicht sehr groß. Trotzdem sollte jeder Reisende wissen, was im Notfall zu tun ist. Wenn man das Gefühl hat, ein Schnellzug rast durchs Zimmer, dann gibt es nur zwei Möglichkeiten: Entweder du bist in einem billigen Hotel, das zu nahe an den Gleisen liegt, oder aber es ist höchste Zeit, nach draußen zu flüchten! Wenn die Ausgänge zu weit weg sind, nimm Deckung unter irgend etwas Festem. Die meisten Leute werden bei Erdbeben von herunterfallenden Trümmern verletzt und nicht, weil sie in Erdspalten stürzen. Festgebaute Häuser sind natürlich immer sicherer als ärmliche Hütten. Ganz Vorsichtige bevorzugen in Erdbebengebieten Zelte.

Ich war zufällig ungefähr eine Autostunde von Managua in Nicaragua entfernt, als dort 1972 das große Erdbeben war. Ich habe nicht viel davon gemerkt, aber ich hörte, daß die Hauptstadt total verwüstet sei, und plötzlich befand ich mich in einem Konvoi, der nach Nicaragua fuhr. Als wir uns der Stadt näherten, erwartete ich einen riesigen Trümmerhaufen, aber alles schien ganz normal auszusehen. Erst als wir näher an die Gebäude herankamen, bemerkte ich, daß sich die meisten Mauern um vielleicht 5 Grad geneigt hatten. Alles sah irgendwie anders aus als sonst, aber die Berichte von den Schäden schienen doch sehr übertrieben zu sein. Aber diese lächerlichen 5 Grad bedeuteten Tausende von zusammengestürzten Dächern und viele tausende tote Menschen und Hunderttausende von Verletzten und Obdachlosen. Im Stadtzentrum, wo das Beben am stärksten gewüstet hatte, wurden aus den 5 Grad 30 Grad, und kaum ein Gebäude war noch intakt. Brände waren nicht unter Kontrolle zu bringen, und in den Straßen klafften große Risse.

Während drei schlaflosen Nächten ohne Essen versorgte ich Wunden, fütterte ich Babys und versuchte, Familien wieder zusammenzuführen. Das Ganze spielte sich in einer provisorischen Zeltstadt ab. Die Kubaner hatten zehntausend blaue Zelte für die Erdbebenopfer eingeflogen. Ich hatte hart mit mir zu kämpfen, um nicht vor dem überwältigenden Leid der Opfer zu kapitulieren und einfach abzuhauen. Unvergeßlich ist mir auch die tiefe Kameradschaft, die in allem spürbar war. Auch darin, daß man seine kostbare Tasse Kaffee mit den anderen Helfern teilte. Trotzdem hoffe ich, daß ich nie mehr so Schreckliches erleben muß.

Globetrotter-Spezial:
Haie und Barrakudas

Wie die meisten Leute, hatte auch ich ursprünglich Angst vor Haien. Aber die häufigen Begegnungen mit diesen Biestern haben meine irrationale Furcht in gespannte Aufmerksamkeit und Vorsicht verwandelt. Die erste Erfahrung mit Haien machte ich in Costa Rica, als ich mit Einheimischen beim Fischen war. Wir arbeiteten mit Speeren. Plötzlich schwammen zehn, zwölf große braune Haie um mich herum – und ich „rannte" förmlich auf der Wasseroberfläche, um möglichst schnell die sichere, felsige Küste zu erreichen. Die Einheimischen aber blieben völlig ruhig und bewegten sich ganz langsam zu den Felsen hin. Und sobald die letzte Flosse wieder im Meer draußen verschwunden war, waren sie wieder im Wasser, um Fische zu fangen. Auch ich ging wieder ins Wasser zurück. Natürlich war ich wieder der erste am Strand, als die Haie erneut auftauchten. Nachdem das ein paarmal passiert war, kam ich zu dem Schluß, daß die Männer eigentlich wissen mußten, was sie tun, weil sie doch jeden Tag fischten.

Knapp drei Jahre später an der Ostküste von Malaya war ich schon weit weniger ängstlich. Ein dortiger Meeresbiologe erzählte mir von einem riesigen Hammerhai, der in einer Höhle nahe einer unbewohnten

Insel lebte, und ich schaute ihn mir frohgemut an, ganz einfach deshalb, weil ich noch nie einen so großen Hammerhai gesehen hatte (und auch, weil mir der Biologe sagte, der Kopf des Haies sei so groß, daß der Bursche sich kaum durch die Felsen hätte quetschen können, um mich zu packen).

Aber, um zu den Tatsachen zurückzukommen, die meisten Angriffe durch Haie finden in trübem Wasser statt, wo die Haie, die gewöhnlich recht scharfe Augen haben, nicht gut sehen können. Manchmal werden sie durch die feinen Schwingungen angezogen, die ein schwimmender Mensch aussendet. In dem Fall können die Haie ihn für einen verletzten Fisch halten und ihn angreifen. Es ist wahr, daß Haie auch von Blut, das sich im Wasser befindet, angelockt werden. Aber Blut verbreitet und vermischt sich nur langsam und vermag einen Hai nicht aus jeder Entfernung anzuziehen.

Nähert sich ein Hai von eindrucksvoller Größe, so schwimm nur langsam weg. Wenn es so aussieht, als habe er Appetit auf einen Fisch, den du soeben erlegt hast, in Gottes Namen, gib ihn ihm. Von Haien wird auch gesagt, daß sie sich immer wieder auf dasselbe Opfer stürzen und alle anderen Beutestücke ringsherum außer acht lassen. Deshalb bist du in keiner großen Gefahr, wenn du einem Menschen, der von einem Hai angegriffen wurde, zu Hilfe eilst.

Barrakudas gelten als ebenso gefährlich und unberechenbar wie Haie, aber Opfer von Barrakudas sind seltener anzutreffen als Zähne bei Hühnern. Ich selbst habe regelmäßig Barrakudas draußen vor der Küste von

Yucatan mit dem Speer gejagt. Das Fleisch der Barrakudas ist manchmal giftig, so haben meine Freunde und ich zuerst ein Stück davon an ein Huhn verfüttert. Wenn das Huhn nach einigen Stunden keine Erkrankung zeigte, haben wir den Barrakuda gegessen. Wenn das Huhn krank wurde oder starb, haben wir das Huhn verspeist.

Barrakudas sind ganz außergewöhnliche Schwimmkünstler. Sie sind so schnell, daß sich selbst im klarsten Wasser ein Fischschwarm wie durch Zauberei auflösen kann. Oder sie schwimmen neben einem her, schauen, was sich da im Wasser bewegt, halten die Entfernung (wie man inständig hofft). Und dann, wenn sie sich langweilen, drehen sie plötzlich ab und verschwinden.

Gewußt wie

Tips für den Umgang mit Dieben und Schwindlern

All das, was du in diesem Kapitel liest, habe ich entweder selbst gesehen, gehört oder – leider – am eigenen Leibe erfahren. Gewöhnlich erwischt es den unerfahrenen Reisenden. Ich hoffe, die Tips und Hinweise, die ich dir hier gebe, ersparen dir so manchen Ärger.

Bei fast jedem Diebstahl lautet das Klagelied des Opfers, daß es seine Sachen wirklich nur wenige Minuten unbeobachtet gelassen habe. Wenn du deine Augen offenhältst und die von Touristen überschwemmten Gebiete meidest, in denen sich die Gauner vorwiegend herumtreiben, entgehst du automatisch schon 99 Prozent aller möglichen Diebstähle. Solltest du dich dennoch in solchen Gegenden aufhalten, dann sei ganz besonders auf der Hut. Eine nicht zu vornehme Aufmachung macht sich auf jeden Fall bezahlt. Ein etwas abgerissener Typ ist für Diebe wenig attraktiv, und er ist auch weniger den begehrlichen Blicken der oft bitterarmen Menschen in vielen Ländern der Welt ausgesetzt. Natürlich kannst du trotzdem beklaut werden, das passiert sogar den vorsichtigsten Leuten. Aber wenn man dich aufs Kreuz legt, hast du wenigstens den Trost, daß daran nicht deine eigene Dummheit schuld war.

Zeig niemals dein ganzes Geld her, und steck deine

Barschaft auch nicht in die Gesäßtasche, vor allem dann nicht, wenn's von Menschen um dich herum nur so wimmelt. Verstau das meiste Geld in deinem Geldgurt, damit du bei der Bezahlung einer Rechnung nicht die Diebe aus der ganzen Umgebung anlockst. Manche Leute empfehlen, für Geld und andere Wertsachen einen Brustbeutel an einer Schnur um den Hals zu tragen, aber meiner Meinung nach ist das zu auffällig. Verglichen mit einem verborgenen Geldgurt sind die Brustbeutel geradezu eine Einladung an die Langfinger. Man kann die Dinger ja ganz leicht abschneiden.

Sei vorsichtig mit Beuteln und Brieftaschen. Brieftaschen ziehen Taschendiebe geradezu magnetisch an; Beutel kann man dir aus den Händen reißen oder gar aufschlitzen. Einem Mädchen wurde in Indien ihr Stoffbeutel von einem Räuber auf einem Markt aufgeschnitten, und sie bemerkte es erst nach einer halben Stunde! Trag den Beutel mit dem Verschluß an der Körperseite, und immer vorne, nicht auf dem Rücken. Häng dein Gepäck in Restaurants nie über die Stuhllehne. Auf diese Weise büßten schon viele Leute ihren Besitz ein. Bewahre dein Geld nur in den vorderen Taschen auf, vorzugsweise in solchen mit Reißverschlüssen. Sollte es einem Taschendieb trotz allem gelingen, dich zu beklauen, renn hinter ihm her, und schrei so laut du kannst. Nicht selten läßt er dann die Beute fallen, schon weil die meisten Männer aus westlichen Ländern und auch viele Frauen ihren „Gegnern" körperlich weit überlegen sind.

Frag nach dem Preis, bevor du etwas kaufst, und frag auch, ob man es umtauschen kann. Prüf auf Märkten das gewünschte Gewicht. Sag beim Bezahlen laut und deutlich den Betrag, den du gibst, damit du auch das richtige Wechselgeld herausbekommst. Einer meiner Freunde versäumte das in einem Restaurant in Italien. Er gab dem Kassierer einen 5000-Lire-Schein, aber der Mann schwor, es wäre nur ein Tausender gewesen. Diskutieren fruchtete nichts. Also ging mein Freund zu einem Tisch, an dem sechs Leute aßen, und begann sanft am Tischtuch zu ziehen. Sofort kam der Kassierer angerannt und händigte meinem Freund 4000 Lire aus...

Wenn dich ein Händler übers Ohr gehauen hat, nagle ihn nicht gleich ans Kreuz. Gib ihm die Chance, seinen

„Fehler" wieder auszubügeln. Er ist viel eher geneigt, die Situation ruhig und schnell zu bereinigen, wenn du nicht gleich „Dieb" schreist und damit seinen Ruf und seinen Job gefährdest.

Viele Diebstähle passieren in öffentlichen Verkehrsmitteln. Oft wird das Gepäck ganz einfach vom Dach oder von den Gestellen an der Rückseite der Busse geklaut. Wenn du nur kleines Gepäck hast, nimm es mit hinein, stell es auf den Boden oder leg es ins Netz über dir. Ganz vorsichtige Naturen bringen an ihrem Gepäck im Netz eine Schnur an, die bis zu ihnen herunterhängt. Dann merken sie sofort, wenn sich jemand dran zu schaffen macht. Auf jeden Fall solltest du dein Gepäck immer in den Augen behalten. Eigentlich ist es selbstverständlich, daß du dein Gepäck nicht auf dem Sitz zum Gang hin liegenläßt, während du angestrengt aus dem Fenster schaust. Ich kenne aber Leute, die das doch taten, und nun sind sie um eine schöne Kamera ärmer.

Laß dein Gepäck auch nie unbeobachtet in der Nähe eines offenen Fensters liegen. Wenn der Bus stoppt, langt vielleicht ein Dieb durchs Fenster herein, und schon bist du ein paar Sachen los. Ich spreche da aus eigener Erfahrung. Auf diese Weise verlor ich nämlich mein bestes Hemd, das sich ein erfinderischer Dieb in Sumatra mit Hilfe eines langen Hakens durchs offene Zugfenster „angelte".

Auf Bahnhöfen deponierst du dein Gepäck am besten in der Gepäckaufbewahrung. Sei besonders vorsichtig auf Flughäfen. Dort mußt du deine Siebensachen immer im Auge behalten. Bei Fahrten mit Taxis darfst du nicht aussteigen, wenn nicht auch der Fahrer aussteigt oder erst dann, wenn du Gepäck und Wechselgeld in der Hand hast. Überzeug dich vor Antritt der Fahrt, daß die Taxiuhr auch wirklich arbeitet.

Ein bevorzugtes Gebiet für Diebstähle ist auch der Strand. Wenn du deine Sachen nicht in deinem Zimmer lassen kannst, dann bitte einen Händler oder Ladenbesitzer in der Nähe, daß er es bei sich aufbewahrt. Paß auf, daß er das Gepäck an einem sicheren Ort aufbewahrt, und sei rechtzeitig zurück, nicht daß du vor verschlossenen Türen stehst. Aber überzeuge dich vor allem, daß er auch wirklich der Besitzer des Ladens ist!

Wenn du ohne Zelt unterwegs bist und nur im Schlafsack schläfst, verstaust du deine Wertsachen am besten am Fußende, oder du vergräbst sie im Sand. Aber bitte nur an einem Platz, an den du dich am nächsten Morgen noch erinnerst. Sogar ein Zelt ist kein sicherer Schutz gegen die raffinierten Diebe an Stränden, die sich mit Vorliebe nachts an die arglos Schlafenden heranmachen. Auf Phuket, einer Insel vor der thailändischen Küste, wurden einige Australier völlig ausgeraubt, während sie in ihrem Zelt schliefen. Der Dieb hatte – lautlos – ihr Zelt aufgeschnitten und das Gepäck mitgenommen, ohne daß sie irgendwas davon bemerkt hatten.

Leg dein Gepäck also in die Mitte des Zeltes, oder binde die Gepäckstücke mit einer Schnur an deinen Körper. Einen Rucksack kann man auch als Kopfkissen benützen.

In Hotelzimmern wird man eigentlich nur selten bestohlen. Deine Wertsachen kannst du ja im Hotelsafe deponieren. Laß dir unbedingt eine Quittung dafür geben. Um das Zimmermädchen nicht in Versuchung zu bringen, solltest du weder Fotoapparat noch Geldgurt offen herumliegen lassen. Wenn du Paß und Geld im Zimmer aufbewahren willst, solltest du die Sachen verstecken, zum Beispiel mit einem Klebeband an der Unterseite der Schublade. Das klingt zwar wie im Kriminalroman, ist aber in manchen „finsteren" Gegenden durchaus angebracht.

In manchen Ländern vollbringen die Diebe wahrhaft atemberaubende Kunststücke. Sie klauen einem die Brille und sogar Ohrringe praktisch im Vorübergehen, oder sie stehlen dir die Uhr vom Handgelenk, während der Bus an einer Ampel hält. Wenn du die Uhr am vom Fenster abgewandten Arm trägst, stechen die Gauner mit einer Nadel in den anderen Arm. Natürlich wirst du erschrecken und nach der Wunde greifen, und schon schnappen sich diese Burschen deine Uhr. Auf Postämtern kann es dir passieren, daß dir die Angestellten die Briefmarke vom Brief stehlen, wenn du nicht so lange dabeibleibst, bis sie gestempelt ist. Die einzige Möglichkeit, in solchen Gegenden zu reisen, ohne durchzudrehen, ist, überhaupt nichts von Wert dabeizuhaben.

Glücklicherweise sind gewalttätige Überfälle auf junge Leute äußerst selten. Gewitzte Diebe konzentrieren ihre Anstrengungen auf ältere Menschen, bei denen sie wertvollere Dinge vermuten, und die vermutlich weniger Widerstand leisten. Wenn dich jemand überfallen will, kannst du dich ja meist immer noch schnell umdrehen und davonrennen. Nur wenige Gangster rennen hinter fliehenden Opfern her, besonders dann nicht, wenn die laut schreien. Außerdem macht dir die Angst bestimmt schnellere Beine, so daß du große Chancen hast, mit heiler Haut davonzukommen.

Ich bin nur einmal überfallen worden. Das war nachts in einer einsamen Straße in Bangkok. Der Räuber hielt mir ein Messer unter die Nase und verlangte Geld. Ich ging einen Schritt zurück, tat so, als wollte ich meine Brieftasche herausziehen, drehte mich dann aber plötzlich um und rannte in einem Höllentempo weg. Wahrscheinlich steht der Clown noch immer mit offenem Maul dort.

Überleg es dir zweimal, ob du auch wirklich stehenbleiben und Widerstand leisten willst. Selbst wenn der Dieb keine Waffen hat, kann vielleicht ein bewaffneter Kumpel von ihm in der Nähe lauern. Im Gegensatz zum Dieb hast du bei dem Kampf nichts zu gewinnen, aber alles zu verlieren – es sei denn deine Selbstachtung hinge von dieser unsinnigen „Tapferkeit" ab.

Für alle Fälle, in denen einem nichts anderes übrigbleibt, als zu kämpfen, obwohl man nichts von Selbstverteidigung versteht, hat ein Typ, den ich in Jugoslawien traf, einige faszinierende Tricks auf Lager. Einer war eine nervenzerfetzende und trommelfellzerreißende Pfeife, die selbst den Teufel in die Flucht geschlagen hätte. Außerdem hatte er stets eine größere Menge Salz bei sich, das er im Notfall dem Räuber in die Augen streuen wollte.

Natürlich kannst du ein Messer dabeihaben, einen Revolver oder sogar eine Panzerfaust, aber wenn du die Ruhe bewahrst, brauchst du solche Dinge nicht.

Schwindelkünstler

Neben denen, die ganz offen als Diebe auftreten, gibt es noch andere hinterlistige Typen, die es auf die ganz linke Tour versuchen. Meist wollen sie irgendwelche unglaubwürdigen Geschäfte mit dir machen, bei denen du angeblich was verdienst. In Wirklichkeit zahlst du aber gewaltig drauf. Ich schildere hier nur *einen* solchen Fall, aber die Möglichkeiten sind wirklich unbegrenzt.

In einem Pariser Hotel lernte ich einmal zwei Amerikanerinnen kennen. Sie hatten nicht viel mehr Geld dabei als alle anderen jungen Mädchen unterwegs auch. So war ich ziemlich überrascht, als sie an einem Samstag im Taxi vor dem Hotel vorfuhren. Als sie dann anfingen, Dutzende von Päckchen mit teuren Juwelen, Parfum und eleganter Kleidung auszuladen, wäre ich beinahe ausgeflippt. Die Sachen waren bestimmt ein paar tausend Dollar wert. Sie erzählten, daß sie gerade den Botschafter von Luxemburg kennengelernt hätten. Er hatte eine Tochter, die er in den Ferien in die Staaten schicken wollte, und als sie sich anboten, sich um sie zu kümmern, wollte er ihnen nun seine Dankbarkeit zeigen. Er hatte sie durch die City geführt, in die teuersten Geschäfte und Modesalons. Sie hatten auch im feinsten Lokal von Paris gespeist. Der „Herr Botschafter" hatte sich sogar extra für diesen Anlaß einen nagelneuen

Anzug gekauft. In einer Stunde wollte er kommen und sie zu einer Vorstellung der Folies-Bergère abholen.

Keiner in der Hotelhalle konnte soviel Glück fassen, und als der Mann nie mehr auftauchte, waren wir richtig perplex. Dann kamen wir drauf, was passiert war. Der „Botschafter" hatte den Mädchen einen Scheck im Gegenwert von 10 000 Franc gezeigt. Leider war es Samstag nachmittag, und die Banken waren geschlossen. Die Damen hatten alles von ihrem Geld bezahlt! Nach den ersten Geschenken für sich selbst waren sie in einer solchen Hochstimmung, daß sie die Sache mit dem teuren Essen und dem Anzug gar nicht kapierten. Und o ja, fast hätten sie auch seine neuen Schuhe vergessen.

Wenn du bestohlen oder betrogen worden bist, meldest du die Sache am besten der Polizei. Sogar wenn die gar keine Nachforschungen anstellt oder die Untersuchungen, wie so oft, nichts ergeben, bekommst du ein offizielles Protokoll, das dir unter Umständen weiterhelfen kann. Einmal wurde mir in Peru mein Gepäck gestohlen, als ich half, einen defekten Wagen anzuschieben. Dummerweise hatte ich auch meine Schecks und einen Flugschein im Rucksack aufbewahrt. Obwohl die Polizisten überhaupt nichts unternahmen, verhalf mir das Papier, das sie mir gaben, zu kostenlosen Fahrten mit sympathischen Busfahrern bis nach Lima, wo man mir die verlorenen Schecks ersetzte. Mit Hilfe des Protokolls gelang es mir sogar, den kolumbianischen Konsul zu überreden, ausnahmsweise auf das verlangte Ausreiseticket zu verzichten.

Damit du nach einem Diebstahl nicht völlig blank

dastehst, solltest du – unabhängig von deiner Barschaft im Geldgurt – immer einen größeren Geldschein oder Schecks irgendwo an deinem Körper versteckt halten. Bevorzugte Plätze dafür sind die Schuhe oder die Hosenbeine, in die man die Sachen einnäht.

Auch wenn du im Moment stocksauer bist, wirst du bald merken, daß die Welt durch so einen Diebstahl oder Überfall noch lange nicht untergeht. Sieh doch auch mal die gute Seite! Nachdem ich mein Gepäck in Peru eingebüßt hatte, beschloß ich herauszufinden, mit wie wenig ich eigentlich reisen konnte. Ich kaufte mir eine Zahnbürste und ein zweites Paar Socken, das ich mir in die Tasche stopfte, und verbrachte mit null Gepäck die drei freiesten und unkompliziertesten Monate meines Lebens. Es ist eine alte Binsenweisheit: Je weniger man hat, desto weniger kann man verlieren.

Und denk bitte an das wunderbare Essen, das sich die beiden Mädchen in Paris nie geleistet hätten, wenn sie nicht beschwindelt worden wären.

Ein Lächeln versteht jeder
Kontakte mit Einheimischen

Mehr als die Palmen, die sich an einem sandigen Strand im Wind wiegen, mehr als exotische Tempel und mystische religiöse Riten, mehr als das erregende Gefühl, das die offen daliegende Straße einem vermittelt – mehr als all das beeindrucken und berühren einen die Menschen, die man im Ausland trifft. Ihre Freundlichkeit und Gastlichkeit sind erstaunlich. Besonders in abgelegenen und gottverlassenen Gegenden wird man mit überwältigend herzlicher Gastfreundschaft aufgenommen.

Einmal in der algerischen Sahara hatte ich zwei Tage gebraucht, bis ich meine Gastgeber endlich soweit hatte, daß ich auch ihnen mal was spendieren durfte. In Libyen hielt praktisch jedes Auto an, wenn ich winkte. Ausnahmslos alle Fahrer boten mir eine Einladung zum Essen an, und sie akzeptierten kein Nein. Sogar wenn ich im Wagen blieb, während sie ins Restaurant gingen, brachten sie mir Eier, Schokolade und Fruchtsaft heraus. Viele kratzten ihr ganzes Bargeld zusammen und boten es mir an und versuchten sogar, mir das Zeug ins Hemd zu stopfen, wenn ich mich weigerte.

Manch einer mag vielleicht bisweilen in Versuchung

geraten, die Großzügigkeit solcher Menschen, die man unterwegs trifft, auszunützen. Es kann passieren, daß man irgendwas bloß bewundert, und schon bekommt man es geschenkt. Menschen zu bestehlen, die selbst wenig haben, ist wirklich schlimm. Im Vergleich zu den Leuten dort sind wir wohlhabend. Wir unternehmen Reisen und tun Dinge, von denen die Menschen, die uns so freundlich bewirten, nicht einmal träumen können. Denk daran, wenn sich der Lastwagenfahrer, der dich mitnimmt, anbietet, dir eine Mahlzeit zu bezahlen. Wieviel von seinem wöchentlichen Einkommen mag er wohl für dich opfern? Manchmal ist dies ein ganz unglaublicher Betrag. Selbst wenn du noch so billig reisen willst, darfst du dich nie dazu hinreißen lassen, die Großzügigkeit und Freundlichkeit dieser Menschen zu mißbrauchen. Mehr noch als ihnen schadest du dir selbst und allen anderen, die auf diese Art reisen, um fremde Länder kennenzulernen.

Mit Fremdsprachen zurechtkommen

Auch wenn du die jeweilige Landessprache nicht sprichst, kannst du dich durch ein Lächeln, eine Geste oder einen Händedruck sehr gut mit fremden Menschen verständigen. Kleine Geschenke vertiefen bisweilen den Kontakt. Eine Nagelschere wird angenommen, als hättest du ein Millionengeschenk gemacht, und ein Bild von deiner Heimatstadt oder deinem Haus wird an die Wand geheftet und stolz allen Freunden und Angehörigen gezeigt.

Falls du ein paar Brocken in der jeweiligen Landessprache herausbringst, lohnt sich das wirklich. Der Versuch, die fremde Sprache zu sprechen, unterscheidet dich von den „faulen" und desinteressierten Touristen. Dabei spielt es gar keine Rolle, wie gut oder schlecht du die Sprache sprichst. Gerade in den kleinen Dörfern wollen die Einheimischen ein bißchen schwatzen. Sie holen ihre Freunde, und dann lauschen alle begeistert, wie dieser Fremde radebrecht. Schon die Verwendung so einfacher Wörter wie „bitte", „danke", „ja" und „nein" verwandelt auf zauberhafte Weise einen mürrischen Einheimischen in einen lächelnden Freund.

Ich erlebte diese Verwandlung einmal im Mato Grosso in Brasilien, als ich spät nachts in eine Kneipe ging und ein Glas Milch bestellte. Das ist eine wilde Gegend, in der die Männer vortrefflich mit dem Schießeisen umgehen können. Die Leute an der Bar fingen an zu lachen, als sie den Fremden mit seiner Milch sahen. Aber als ich ihnen in Portugiesisch erklärte, daß ich müde sei und ins Bett gehen wollte, wurden alle sofort sehr freundlich, und vor mir tauchte gleich ein Glas mit geschmuggeltem Caxaca auf.

Überall in Südamerika gibt es den einheimischen, von Gegend zu Gegend verschiedenen Schnaps, von dem die Leute schwören, er sei der stärkste auf der Welt. Geschmuggelter Caxaca verdient hier wohl den ersten Preis. Es ist bestimmt der stärkste Fusel von ganz Südamerika.

Als ich das Glas vor mir sah, war mir klar, daß es nun sehr lustig werden würde. Ich schrieb den Schlaf ab und

sagte, wenn ich schon trinken würde, dann richtig –
gleich fünf Gläser! Einer der Brasilianer brachte die
Drinks, und ich kippte sie in schneller Folge hinunter.
Dann warf ich einen Geldschein auf die Theke und
forderte den Mann auf, bei dem ich wohnte, ebenfalls
fünf Gläser zu kippen. Das war eine Aufforderung, die
kein Südamerikaner, kein *Macho*, ablehnen konnte. So
trank jeder der Anwesenden fünf Gläser aus.

Ich konnte mich nach allem nur noch daran erinnern,
daß mein Gastgeber und ich schließlich engumschlun-
gen die Straße hinuntertorkelten und wir uns Geschichten aus unserem Leben erzählten, und zwar auf so
intime Weise, wie das nur Betrunkene können. Die
anderen machten hinter uns ein großes Remmidemmi

und feuerten ihre Revolver ab. Ich fühlte mich wie Jesse James.

Wenn du wirklich die einfachen Leute kennenlernen und einen Einblick in ihre Wesensart bekommen willst, mußt du ihre Sprache einigermaßen verstehen. Mit deiner Muttersprache allein wirst du nicht weit kommen. Du wirst ein Fremdling in einer fremden Welt bleiben, der nicht einmal die einheimischen Zeitungen mit ihren wertvollen Informationen entziffern kann.

Du brauchst ja nicht gleich an die hundert Sprachen zu lernen, um dich im Ausland verständlich zu machen. Mit Spanisch kommst du durch Lateinamerika, mit Französisch durch Nordafrika und weite Teile des südlichen Pazifik. Mit ein paar Brocken Arabisch reist du ganz gut durch den Mittleren Osten, und Englisch hilft dir fast überall auf der Welt weiter, insbesondere in den Städten. Trotzdem sprechen keineswegs alle Englisch. Sicher, die oberen Zehntausend können es, auch Menschen mit einer besseren Schulbildung und Leute, die mit Touristen zu tun haben. Aber der Durchschnittsmensch, der sogenannte kleine Mann auf der Straße, spricht eben nicht oder kaum Englisch.

Schon ein paar Wochen eifrigen Lernens genügen, um sich die Grundkenntnisse in einer Fremdsprache anzueignen. Sprachgefühl und die richtige Aussprache erwirbt man dann im Umgang mit den Einheimischen.

Leute, die eine Sprache lernen wollen, sollten zu dem Zweck auch mal zu den Comic-Heften greifen. Ich lernte zum Beispiel aus dem ersten, das ich las, 57 neue spanische Wörter. Die Peanuts sind schon ein bißchen

schwieriger, aber wie sonst hätte ich das Wort „seuf-
zen" in sechs Sprachen lernen können? Von den Comics
habe ich mich zu den Western-Heftchen hinaufgearbei-
tet. Sie sind für Trottel geschrieben und entsprachen
genau meinen Bedürfnissen...

Wenn du in Länder reisen willst, die ein anderes
Alphabet haben als wir, zum Beispiel nach Griechenland oder Israel, dann solltest du dich wirklich auch
damit vertraut machen. Das ist keine Geschichte. Du
kannst auch einen Sprachkurs mitmachen, eventuell
sogar unterwegs. Sprachschulen gibt es überall, sie sind
meist billig und machen Spaß. Sogar der dümmste
Schüler findet das Lernen leicht, wenn er von seinesglei-
chen umgeben ist.

Sprachführer sind zwar auf Reisen ganz hilfreich.
Aber an Ort und Stelle sind Handzeichen und auf-
schlußreiche Bewegungen mit den Armen oft schneller
und leichter zu begreifen, als wenn du erst mühselig im
Buch nachschauen mußt und dann vielleicht doch nicht
das Passende findest. Einfache Sachen kann man mit der
Zeichensprache wunderbar erklären.

Du brauchst nicht aufgeregt zu sein oder Angst zu
haben, wenn du dich in einer fremden Sprache ver-
suchst. Dein Gesprächspartner spricht schließlich deine
Sprache auch nicht. Man verzeiht dir sogar ungewollte
Beleidigungen und Beschimpfungen, solange du nicht
unverschämt wirst, herumschreist oder abwertend über
das betreffende Land sprichst.

Du mußt dir immer deiner Wirkung auf die Menschen anderer Völker bewußt sein. Der Tourismus und

die rücksichtslose Industrialisierung haben – und tun es noch – zahllose einheimische Kulturen zerstört. Du persönlich bist daran nicht schuld, und du mußt dich deswegen auch dort nicht unglücklich fühlen. Du sollst die eigene und die fremde Kultur genießen.

Der Reisende begreift schnell, wie man sich ohne Worte „unterhält". Vielleicht probierst du es schon mal zu Hause mit einem Freund oder einer Freundin aus? Wenn es schwieriger wird, kannst du dem Fremden deinen Wunsch auch mit Hilfe einer kleinen Zeichnung verständlich machen. Auch ein kleines Taschenwörterbuch tut gute Dienste.

Verlier nicht gleich die Geduld, wenn man dich nicht versteht. Egal, wie „dumm" sich auch die anderen anstellen mögen. Wenn du die Sprache dann besser gelernt hast, wirst du merken, daß die Leute keineswegs so begriffsstutzig sind, wie du dachtest. Es kommt vielmehr daher, daß viele Menschen vorher noch nie mit Fremden zusammengekommen sind und es nicht gewöhnt sind, in einer anderen Sprache als der eigenen zu verhandeln.

Denke auch daran, daß in manchen Gegenden die Leute so höflich sind, daß sie auf alles, auch auf das, was sie nicht so ganz verstanden haben, mit „Ja" antworten. Das kann unter Umständen peinlich werden, und du kannst ganz schön in die Irre gehen, wenn du nach einem bestimmten Ort fragst.

Menschen kennenlernen

Wenn du die Einheimischen (oder Eingeborenen) wirklich kennenlernen willst, dann bleib nicht in den Touristenzentren. In den billigen Hotels, die dir die Reiseführer empfehlen, erlebst du nur folgendes: Der Hotelbesitzer hat die Preise nach dem ersten Touristeneinfall drastisch angehoben, und das Hotel ist vollgestopft mit Leuten, die genauso wie du den Empfehlungen des Reiseführers gefolgt sind.

Menschen kennenzulernen wird leichter, wenn du ein bißchen auf dein Aussehen achtest. Schmutzig und mit überlangen Haaren lebst du in einer anderen Welt. Du erweckst obendrein das Mißtrauen der Grenzbeamten und hast es so beim Grenzübertritt schwerer. Aber auch beim Trampen haben abgerissene Typen viel geringere Chancen. Die Einheimischen, auch die, die dir gegenüber nicht abweisend sind, betrachten dich eher wie ein „kurioses Objekt" und weniger als menschliches Wesen. Natürlich solltest du nicht danach beurteilt werden, wie du aussiehst, aber häufig ist es eben so. Von deinem Äußeren kann es abhängen, ob dir die Leute auf der Straße mit einem freundlichen Lächeln begegnen oder ob sie finster dreinschauen, über dich lachen oder dir gar Beleidigungen nachschicken. Und wenn du heruntergekommen aussiehst, schikaniert dich sogar die Polizei. Ist es das wert?

Denke immer daran, daß es nicht dein Land ist und daß du hier nur Gast bist. Du triffst hier auf Sitten und Gebräuche, die bereits seit Jahrhunderten existieren.

Und das solltest du respektieren. Du bist doch Tausende von Kilometern gereist, um andere Menschen kennenzulernen. Willst du sie wirklich abschrecken, bloß um dir oder anderen irgendwas zu beweisen?

Stammeskulturen

Eines der schönsten und gleichzeitig seltensten Erlebnisse bei Reisen durch die Dritte Welt ist das Zusammentreffen mit noch unverfälschten Volksstämmen. Ein paarmal habe ich dieses Glück gehabt. So lebte ich bei den Yaguas im Amazonasgebiet, einem Nomadenvolk, das noch mit Blasrohren auf die Jagd geht. Ich war bei den wohlbekannten Massai in Ostafrika, Hirten, die von Fleisch, Milch und Blut leben. Und ich lernte die Toradjas auf Celebes (Indonesien) kennen, ein Volk, das noch einige der seltsamsten Bestattungsriten der Welt weiterpflegt.

All diese Menschen sind sehr stolz, leben engverschmolzen mit der Natur, oft in einer feindlichen Umgebung, in der wir nur eine kurze Zeit überleben könnten. Heute kämpfen sie allerdings einen anderen Kampf. Sie müssen sich gegen andere Kulturen wehren, die ihre Existenz als Volk bedrohen. Ihre Feinde kennen keine Skrupel. Sie verfügen über beträchtliche Geldmittel und gute Beziehungen und sitzen letzten Endes am längeren Hebel. Sie haben schon viele Naturvölker in der ganzen Welt zur Strecke gebracht.

Ich spreche hier von den Regierungen, die rücksichtslose Expansionspolitik betreiben, von den Neo-Kolonialisten und den wirtschaftlichen Freibeutern, die ständig auf der Suche nach Rohstoffen und Land sind. Dabei habe ich auch gewisse Einwände gegen Missionare. Manchmal machen sie aus zufriedenen Menschen allzuschnell abhängige Massen.

Ich sehe das vielleicht ein wenig kritischer als mancher andere, aber ich würde allen Menschen lieber ihren Glauben lassen und ihnen nicht erst die Hölle predigen, um sie dann aus ihr herausführen zu können.

Es gibt da einige schlimme Beispiele. Menschen im Amazonasgebiet überzeugte man zum Beispiel davon, daß Nacktheit Sünde sei. Nun tragen sie Kleider, und die werden im tropischen Regenwald natürlich nie richtig trocken. Das Resultat: ein gewaltiger Anstieg der Erkrankungen der Atemwege und die verschiedensten Pilz-Infektionen. Nun müssen sie eine unglaublich lange Zeit für die Reinigung und das Reparieren der Kleidungsstücke verschwenden, vor allem die Frauen.

Außerdem wurde natürlich ein wirtschaftlicher „Bedarf" geweckt. Man muß das Geld für die Kleidung aufbringen; dazu muß man jagen, und dazu wiederum braucht man ein Gewehr. Das ist ein Teufelskreis. Alte Methoden sind in Vergessenheit geraten. Gewachsene soziale Strukturen brechen unter dem Druck von allerlei unnötigen „Gebrauchsgegenständen" zusammen. Der Genuß von Whisky tut ein übriges, und vorzeitiger Tod der Eingeborenen ist oft die Folge. Hinzu kommt eine ständige Reduzierung ihrer Jagdgebiete, so daß die Menschen immer abhängiger werden und immer mehr verelenden. Ich weiß wirklich nicht, ob das ein guter

Weg ist. Gegen behutsame Missionierung ist nichts einzuwenden, aber da wird wirklich viel gesündigt. Hauptsache, die Eingeborenen werden „gerettet". Wir Abenteuer-Reisenden sollten uns jedenfalls freuen, wenn wir noch auf unverfälschte Naturvölker treffen, und wir müssen ihre Sitten und Gebräuche achten und ehren.

Vom Umgang mit „wilden Männern"

Spezielle Tips für Mädchen von Kay Holekamp

Frauen aus westlichen Ländern werden von manchen Ausländern als besonders begehrenswert eingestuft, was zu aufregenden Abenteuern, aber auch zu ärgerlichen Schwierigkeiten führen kann. Um letzteres zu vermeiden, schrieb Kay Holekamp, eine Frau, die weit gereist und ganz allein durch die wildesten Teile Südamerikas getrampt ist, extra für euch, liebe Mädchen, dieses Kapitel.

Die Freuden

Mädchen reisen viel billiger und erleben unterwegs Dinge, von denen Männer nur träumen können. Sie haben es ganz einfach leichter. Ein Mädchen bekommt in einer Woche mehr Einladungen und „Angebote" als ein Mann in sechs Monaten. Ein Mauerblümchen in München könnte die Ballkönigin von Kairo sein. Als Mädchen wirst du in fremden Ländern immer ganz besonders behandelt. Du kannst zu einem Konzert auf Bali eingeladen werden, zu einem Tango-Fest in Buenos Aires, zu einem Spielchen im Casino von Macao oder gar zu einer Karawanen-Reise in Katmandu. All das – und noch viel mehr – habe ich erlebt und genossen.

In einem Flugzeug über Kolumbien lud mich der Pilot zuerst ein, das Ding zu steuern, und dann wollte er mich am Abend zu einem Bummel durch die Nachtlokale von Bogotá mitschleppen. Beide Angebote konnte ich schlecht ablehnen. Bei der Besichtigung des königlichen Palastes in Bangkok und der Hagia Sophia in Istanbul hatte ich eine liebenswürdige Begleitung. Von einem Taxifahrer in Peru bekam ich einen Heiratsantrag, und noch heute treffen bei mir Liebesbriefe von einem Dichter aus Ecuador ein. Warum sollte es nicht anderen Mädchen auch so ergehen?

Tatsächlich werden die Mädchen immer mutiger und kontaktfreudiger. Es zieht sie einfach hinaus in die Ferne. Fachleute schätzen, daß im Jahr 1979 rund 1,2 Millionen Mädchen ganz allein durch die Welt trampten. Auch viele Deutsche folgen diesem Beispiel. Eine Referendarin sparte vier Jahre lang, um nach Südamerika reisen zu können. Die Reise kostete allerdings 5000 Mark. Sie war in Peru, Bolivien, Chile, Argentinien, Paraguay und Brasilien. Das lustigste Erlebnis hatte sie an der Grenze zwischen Paraguay und Brasilien. Ein Zöllner machte ihr einen Heiratsantrag und bot zehn

Pferde, einige Kühe und Schweine!

Für nur 2500 Mark reiste eine Sozialpädagogin um die halbe Welt. Sie trampte durch Österreich, Italien, Jugoslawien, die Türkei, Afghanistan, Pakistan und Indien. Entweder lebte sie bei Einheimischen oder sie übernachtete in einfachen Hotels für etwa zwei Mark. Ihre wichtigste Erfahrung war, daß sie dabei lernte, sich durchzusetzen und zu behaupten. Sonst kommt man als alleinreisende Frau nicht weit.

Eine Medizinstudentin reiste für ebenfalls 2500 Mark sieben Wochen lang durch Mittelamerika und die Karibik. Das teuerste dabei war die Flugreise über Los Angeles nach Mexico City, die 550 Mark kostete. Meistens schlief sie in einer geliehenen Hängematte unter freiem Himmel. Ihr Trick gegen Belästigungen: Sie beherrschte eine Menge der übelsten spanischen Schimpfwörter. Damit machte sie jedes eindeutig zweideutige Angebot zunichte.

Unterwegs gibt's für alleinreisende Mädchen und Frauen allerdings bisweilen auch mal Ärger. Wenn man sich aber an ein paar wichtige Grundregeln hält und dazu noch einige Tricks beherrscht, kann man dem meist aus dem Weg gehen.

Der Ärger

Viele Probleme, die ich selbst hatte oder von denen ich unterwegs hörte, hätten ganz einfach vermieden werden können, wenn wir uns klargemacht hätten, daß die Gleichberechtigung der Frauen sich noch nicht überall auf der Welt durchgesetzt hat. In vielen Ländern sind die Menschen weder fähig, „gleichberechtigt" zu handeln, noch willens, „befreit" zu werden. Die Normen für Kleidung und Benehmen der Frauen sind in diesen Gebieten natürlich ganz anders als bei dir zu Hause. Das gilt besonders für streng moslemische und katholische Länder. Am besten schaust du dich erst mal um, wenn du in ein fremdes Land kommst, dann siehst du, wie die Frauen sich dort so kleiden. Wenn du, zum Beispiel in Algerien, Frauen erblickst, die vom Scheitel bis zur kleinen Zehe in weiße Tücher gehüllt sind, mit nur einer winzigen Öffnung dort, wo das Gesicht zu sein pflegt, dann wird es höchste Zeit, die eher konservativen Stücke aus deinem Gepäck hervorzukramen.

An solchen Orten mit nackten Beinen und ohne BH durch die Straßen zu stolzieren, heißt nichts anderes, als sich selbst in größte Schwierigkeiten zu bringen. Du solltest dort die Männer nicht unnötig reizen. Also ist es am besten, sich unauffällig zu kleiden. Du mußt ja nicht gerade einen Schleier tragen. Ein Paar Jeans und eine undurchsichtige Bluse mit einem vertretbaren Ausschnitt bringen dich ohne Schwierigkeiten heil auch durch die tief religiösen Länder.

Mit fremden Männern klarkommen

Die gleiche Bescheidenheit und Diskretion gilt auch für dein Benehmen gegenüber fremden Männern. Ich betone es nochmals, beobachte die dortigen Frauen, wie sie sich in der Öffentlichkeit gegenüber den Männern

verhalten. Dann merkst du schnell, welches Benehmen akzeptiert wird. Dabei wirst du feststellen, daß die Frauen oft sehr viel reservierter sind als bei dir zu Hause. Die Männer merken zwar, daß du aus einem anderen Land stammst, in dem vielleicht andere Sitten herrschen. Sei aber trotzdem ganz besonders vorsichtig mit Gesten und Handlungen, die Männern den Eindruck vermitteln könnten, daß du leicht zu haben seist.

Glaub mir, die Burschen lauern nur auf Zeichen, die sie so interpretieren können – und dann packen sie zu. Manchmal kann schon eine ganz harmlose Geste – du legst zum Beispiel deinen Arm auf die Stuhllehne in die

Richtung eines Mannes – als eine entsprechende Ermunterung angesehen werden. Häufig halten die Männer alleinreisende ausländische Mädchen für eine leichte Beute; und im Vergleich mit den einheimischen Frauen bist du das vielleicht auch. Wenn du dir nicht so ganz sicher bist, dann solltest du in solchen Ländern, zumindest am Anfang, besser im Schutz einer Gruppe bleiben.

Ganz im Gegensatz zu den Verhältnissen, die bei uns herrschen, gehen die Mädchen in tief religiösen Ländern nur dann zu einer Verabredung, wenn eine Anstandsdame dabei ist. Du machst schon deshalb einen großen Eindruck auf die dortigen Männer, weil du ganz ohne Anhang daherkommst.

Du mußt im Ausland auch sonst auf einige Freiheiten verzichten, die du dir zu Hause erlauben darfst. In vielen Ländern kannst du nicht einfach in eine Bar spazieren und mit irgendwelchen Burschen eine Unterhaltung beginnen, es sei denn, du nimmst die Konsequenzen einer solchen kühnen Tat auf dich. Die einheimischen Frauen würden das nie wagen, und es ist das sicherste für dich, ihrem Beispiel zu folgen.

Trotz aller Zurückhaltung in Benehmen und Kleidung, wirst du dennoch das Ziel von Bewunderung und Annäherungsversuchen der Männer sein. Ganz einfach deshalb, weil du anders bist als die einheimischen Frauen. Die Gesetze des Flirtens sind im Ausland nicht so feingesponnen wie zu Hause, und wenn du auf einen Burschen wirkst, dann wird er es dir auch umgehend mitteilen. Auf der Straße werden dir die Männer vielleicht nachpfeifen. Das ist immer zugleich ein Kompliment und eine Einladung. Ich kenne nur wenige Mädchen, die sich darüber aufregen oder richtiggehend zornig werden. Meiner Meinung nach ist so ein Pfiff wirklich harmlos und kein Anlaß, böse zu werden. Falls du dich wegen der möglichen Folgen nicht traust, auf das Kompliment mit einem Lächeln zu antworten, dann geh einfach weiter und ignorier den Vorfall.

Situationen, in denen du mit mehreren Männern allein bist, besonders wenn sie getrunken haben, solltest du vermeiden. Wenn es anfängt, kompliziert zu werden, gibt es ein paar Tricks. Sag dem Burschen doch einfach, du seist verheiratet und hättest sogar Kinder. Ein Ehering macht die ganze Angelegenheit glaubwürdiger. Solche täuschend echt aussehenden Ringe sind billig und überall zu haben.

In Südamerika lautet die erste Frage, die Männer an reisende Mädchen richten, meistens: „Glauben Sie an die freie Liebe?" Dies zu bejahen ist der erste Schritt ins Unglück. Hoffentlich kommst du dort nicht auf die Idee, einen Burschen in dein Hotelzimmer einzuladen. Ist er erst mal drin, kriegst du ihn nur schwer wieder raus. Nützt ein Kerl die Situation auf einem belebten Platz aus und betatscht dich, zögre nicht, ihm eine herunterzuhauen, es sei denn, die Lage ist irgendwie gespannt und du hast nicht die notwendigen körperlichen Kräfte. Aber mit List und Witz kommt man auch weiter.

Zu zweit haben Mädchen weit weniger Probleme als allein. Südamerikaner sind gegenüber Frauen in Gruppen meist höflich und hilfreich, während ein einzelnes Mädchen in ihnen ganz andere Instinkte zu wecken scheint.

Die mehr abenteuerlich veranlagten Mädchen, die sich selbst durchschlagen wollen, müssen sich weitgehend auf ihren Witz und ihre Schlagfertigkeit verlassen. Es ist oft eine Herausforderung, macht aber auch viel Spaß.

Ich bin Tausende von Kilometer allein gereist und habe dabei meine Erfahrungen gemacht. Manche Tricks gegen unerwünschte Avancen klappen, manche nicht. Wenn ein Mann immer noch beharrlich bleibt, obwohl du ihm von deinem Mann und deinen Kindern erzählt hast, dann sag ihm, du seist auf dem Weg in die nächste Stadt, um deinen Mann zu treffen. Oder deinen Bruder oder deinen Vater. Erzähl ihm, du seist für eine bestimmte Zeit verabredet. Manchmal hilft es auch, einen prominenten Namen fallenzulassen, falls dir einer einfällt.

Glaube ja nicht, du könntest einem Mann blind vertrauen, nur weil er verheiratet ist. So mancher führt ein „Doppelleben". Bring das Gespräch auf die Familie dieses Mannes. Stell ihm viele Fragen über seine Frau und seine Kinder. Bitte ihn, dir ein Foto von seiner Familie zu zeigen. All das erzeugt in ihm vielleicht eine Art Schuldgefühl, und unter Umständen wird er die Finger von dir lassen.

Auf Reisen wirst du feststellen, daß in vielen weniger entwickelten Ländern die Frauen immer noch mit der Diskriminierung leben müssen, und daß es dir dort vielleicht nicht viel anders ergehen wird. Ich war anfangs ziemlich zornig, wenn in den moslemischen Ländern Nordafrikas Männer meinem Begleiter eine Zigarette anboten, mich aber geflissentlich übersahen. Ich lernte bald, daß dies eben so üblich ist, weil die Frauen dort nicht rauchen dürfen. Aber jeder Mann, den ich um eine Zigarette bat, gab mir auch sehr erfreut eine. So zögerte ich nicht, danach zu fragen.

In streng moslemischen Ländern gehen die Frauen in der Öffentlichkeit immer ein paar Schritte hinter ihren Männern. Einmal ging ich mit drei Libyern die Hauptstraße von Bengasi entlang. Ich war ziemlich sauer, als sie mich plötzlich baten, für ein paar Minuten hinter ihnen zu bleiben. Sie hatten ein paar Freunde bemerkt, die sich näherten, und wollten nicht dabei ertappt werden, daß sie einer Frau irgendeine Art von Gleichberechtigung erlaubten. Ich ärgerte mich so über ihr Verlangen, daß ich mich weigerte. Glücklicherweise regten sie sich nicht auf, weil Touristen, speziell weibliche blonde, in Libyen sehr selten sind. Ihre Freunde waren so interessiert, mit einer Fremden zu sprechen und sie kennenzulernen, daß das Protokoll für gewisse Zeit über den Haufen geworfen wurde.

In einigen Ländern Südamerikas zeigt sich die Diskriminierung, mit der ein Mädchen fertig werden muß, in einer anderen, mehr subtilen Form. Südamerikanische Männer behandeln dich oft mit einer Art intellektueller Herablassung, sozusagen als Dummchen, obwohl dein Kopf ja nun wirklich verschwindend weniger graue Gehirnzellen beherbergt als der ihre. Während der ersten Wochen meines Aufenthaltes in Lateinamerika machte mich die allgemeine Auffassung der Männer, ich sei so etwas wie ein weiblicher schwachsinniger Trottel, fast verrückt. Aber nachdem ich sorgfältig beobachtet hatte, mit welcher List die Frauen dort vorgehen, lernte ich es bald, diese typische männliche Haltung zu meinem Vorteil auszunützen. Ich entdeckte, daß ich das männliche Vorurteil, ich sei dumm, benützen konnte, um selbst die beharrlichsten und aufdringlichsten Männer abzuwimmeln und um mich selbst aus schwierigsten Situationen zu befreien.

So geriet ich zum Beispiel einmal in Tingo Maria, einer kleinen Stadt am nördlichen Fuße der peruanischen Anden, in eine verzwickte Lage. Ich fuhr per Anhalter durch das Land und hatte die Nacht in einem Hotel des Ortes verbracht. Am nächsten Morgen packte ich meine Siebensachen zusammen und ging hinaus zur Polizeistation, in der Hoffnung, dort von einem Lastwagenfahrer mitgenommen zu werden.

Ich war kaum ein paar Minuten dort, als mir der diensthabende Polizeibeamte über die Straße hinweg zurief, er wolle meinen Paß sehen. Er war ein sehr gut aussehender Mann, so Ende Zwanzig. Zweifellos war er der größte Südamerikaner, den ich je getroffen habe, überdies gebaut wie ein Gorilla. Er fragte mich auf spanisch, wohin ich wollte, und als ich ihm die nächste Stadt nannte, tat er so, als wäre er um meine Sicherheit besorgt, und meinte, es wäre viel zu gefährlich für ein Mädchen, allein mit einem Lastwagenfahrer mitzufahren. Ich versicherte ihm, daß ich gut auf mich selbst aufpassen könnte und daß ich auf diese Weise schon durch halb Peru gereist wäre. Der Polizist schüttelte den Kopf und sagte, es wäre viel besser, mit dem Bus zu fahren. Ich hielt dagegen, daß die Busse voll besetzt und viel zu teuer wären. Er sagte, er würde einen Passagier aus dem nächsten Bus werfen und mir einen Platz verschaffen, für den ich nicht mal zu bezahlen brauche. Ich protestierte – auf meine Kosten sollte kein armer Teufel leiden. So redeten wir eine halbe Stunde lang freundlich hin und her, aber er gab nicht nach.

Wäre er nicht der Polizeichef gewesen, hätte ich ihn einfach stehenlassen und hätte selbst mit den Lastwagenfahrern geredet. Aber unter diesen Umständen traute ich mich nicht. Schließlich stimmte ich zu, den Bus zu nehmen, bloß um endlich wegzukommen. Ich fragte ihn, wann der nächste Bus ginge, und er meinte, fahrplanmäßig in einer Stunde.

Ich setzte mich und zog ein Buch heraus, aber er unterbrach bald meine Lesestunde mit dem Angebot, mir die Gegend um den Polizeiposten herum zu zeigen. Ich gab vor, müde zu sein, und sagte ihm, daß ich wirklich lieber hier sitzen bleiben wollte. Aber er blieb beharrlich, und so war ich so höflich und machte die Besichtigungstour mit. Ihm zu erlauben, mich aus der Sicht der anderen Polizisten, die da herumstanden, wegzulocken, war mein erster großer Fehler.

Er zeigte mir die Gegend und die Gebäude und führte mich schließlich in ein größeres Haus mit einem langen Gang und einer Unmenge von geschlossenen Türen. Er erwies sich als vollendeter Gentleman, öffnete mir alle

Türen, betrat die Räume nach mir und erklärte mir die verschiedensten Einrichtungen. Da war der Raum mit den Waffen, der Funkraum, der Raum mit den Karten und das Offizierskasino. Der fünfte Raum, den wir betraten, war, wie er mir erklärte, das Zimmer des Kommandeurs. Es gab darin nur ein Bett, eine Kommode und einen Plattenspieler auf einem Stuhl neben dem Bett. Mir dämmerte allmählich, daß ich drauf und dran war, meinen zweiten schweren Fehler zu begehen, weil ich wie ein dummes Schaf in sein Schlafzimmer getrottet war. Ich drehte mich um und sah, wie er gerade den Schlüssel in die Tasche steckte. Er lächelte, und ich bekam ein komisches Gefühl im Magen.

Ich bewahrte aber Haltung, ging zur Tür und drehte am Knopf. Er bewegte sich nicht. Nein, sagte ich zu mir selbst, ausgerechnet von dem läßt du dir doch keinen Kinderwagen andrehen!

Er packte meinen Arm, führte mich durchs Zimmer und sagte: „Wir können hier zusammen warten, bis der Bus kommt. Ich möchte Sie gerne ein bißchen besser kennenlernen." Er ging zum Plattenspieler und legte eine Platte auf.

Als die südamerikanische Musik den Raum erfüllte, zog er mich eng an sich und begann einen Tango zu tanzen. Ich sträubte mich und behauptete, ich könne nicht tanzen. Aber das beeindruckte ihn überhaupt nicht. Er fuhr fort, mich durchs Zimmer zu schieben. Dabei dachte ich über sein übersteigertes Selbstbewußtsein nach. Wenn ich es verletzte, könnten die Schwierigkeiten noch größer werden. Ich wollte ihn um alles in der Welt nicht in Wut versetzen. Denn wie, verdammt noch mal, kann man um Hilfe rufen, wenn man vom Polizeichef persönlich überfallen wird?

Nachdem ich ein paar Minuten lang herumgeschubst worden war, ging ich plötzlich einige Schritte zur Seite und sagte, es sei noch viel zu früh zum Tanzen. Zu

meinem Erstaunen gab er nach. Statt dessen setzte er sich aufs Bett und zog mich zu sich heran. Mit der gleichen Zärtlichkeit und den gleichen Umgangsformen, wie man sie vielleicht von einem Elchbullen erwartet, begann er meine Bluse aufzuknöpfen.

So schnell wie er aufknöpfte, knöpfte ich sie wieder

zu. Das ging einige Minuten so weiter, während er mir zärtliche Avancen machte. Da hatte ich einen Einfall.

„Hören Sie", sagte ich, „ich bin wirklich in großer Eile, weil ich um ein Uhr jemanden in der nächsten Stadt treffen muß. Wenn ich nicht pünktlich dort bin, geht er weg, und ich sehe ihn nie wieder. Ich muß ihm ein paar wichtige Briefe übergeben. Außerdem ist heute ein ganz schlechter Tag für mich, wenn Sie verstehen, was ich meine. Ich möchte Sie ja auch näher kennenlernen, aber ich fürchte, wir müssen das um ein paar Tage verschieben. Ich habe vor, nächste Woche nach Tingo Maria zurückzukommen. Warum sollten wir also nicht bis dahin warten? Dann haben wir genügend Zeit für alles weitere."

Er überlegte einen Augenblick lang. Ich hielt den Atem an. Dann, ganz langsam, breitete sich ein Grinsen auf seinem Gesicht aus. Ich lächelte schüchtern zurück, bemüht, meine tiefe Erleichterung zu verbergen.

Er fiel nicht nur auf meine billige Tour herein, er war sogar von dieser Idee hellauf begeistert. Sein Ego war offensichtlich noch größer, als ich angenommen hatte. Er fragte mich, an welchem Tag ich zurückkäme. Ich traf eine Verabredung, und er machte sich eine Notiz in seinem Taschenkalender. Dann, immer noch über das ganze Gesicht strahlend, ging er zur Tür, schloß sie auf und begleitete mich zurück auf die Straße.

Dort veranlaßte er den nächsten Lastwagenfahrer, mich mitzunehmen. Ich kletterte in die Kabine, schloß die Tür und blinzelte dem Polizeibeamten verschwörerisch zu. Er küßte mir die Hand und trat einen Schritt zurück, als der Fahrer den Gang einlegte. Wir fuhren ab, ich lehnte mich zurück und brach in ein gewaltiges Gelächter aus. Was für ein einmaliger Schwindel! Natürlich bin ich nie wieder nach Tingo Maria zurückgekommen.

Dieses Erlebnis verschaffte mir zum ersten Mal einen tiefen Einblick in das Seelenleben dieser vom Männlichkeitswahn besessenen südamerikanischen Männer. Diese Erfahrung half mir noch oft bei meinen folgenden Reisen durch Südamerika, obwohl ich niemals mehr in eine so schwierige Situation geriet.

Ein eher lustiges Erlebnis dieser Art hatte ich einige Wochen später in einer kleinen Stadt im südlichen Ecuador. Meine Freundin und ich kamen nach Einbruch der Dunkelheit an und sahen, daß in der ganzen Stadt der Strom ausgefallen war. Wir schafften es, ein Hotelzimmer zu bekommen, wo wir unser Gepäck ließen. In einem benachbarten Café aßen wir bei Kerzenlicht und tranken eine Flasche Wein, dann kehrten wir in unser Zimmer zurück und gingen zu Bett.

Ich weiß nicht, wie lange ich schon geschlafen hatte, als ich durch das unbestimmte Gefühl wach wurde, jemand streichle meine Brust.

Hat Carolyn den Verstand verloren? dachte ich. Ich setzte mich im Bett auf. Aus der Dunkelheit, direkt vor meinem Gesicht, ertönte die Stimme eines offensichtlich schwer betrunkenen Mannes: „Señorita, wollen Sie mir ein paar Minuten schenken?" Der Mann nuschelte in fast unverständlichem Spanisch.

Ich glaubte, ich hätte zuviel getrunken.

„Carolyn", wisperte ich, „passiert das wirklich? Ist da ein betrunkener Mann an meinem Bett?"

Von der anderen Seite des Zimmers erklang Carolyns Stimme: „Ich bin nicht ganz sicher, aber es klingt tatsächlich so, als ob da ein Mann wäre."

Ich tastete auf dem Boden herum und fand die Kerze.

„Verdammt noch mal, wo sind die Streichhölzer? Was zum Teufel, macht der Kerl hier?"

Endlich fand ich die Streichhölzer und zündete die Kerze an. Tatsächlich, ganz nahe vor meinem Gesicht saß ein junger Mann auf meinem Bett. Er legte seine Hand auf mein Knie. Ich schubste ihn weg.

„Was glauben Sie denn, was Sie hier machen", fragte ich ihn zornig, „wer zum Teufel sind Sie eigentlich?"

„O Señorita", sagte die betrunkene Stimme, „wollen Sie bitte mit mir schlafen, nur für ein paar Minuten? Nur ein paar Minuten Liebe."

„Hören Sie, Sie sind nicht nur besoffen, sondern auch verrückt."

„Señorita, bitte, ich bin so einsam, ich habe keine Frau. Wollen Sie nicht mit mir schlafen, nur für ein paar Minuten. Nur ein paar Minuten, und dann gehe ich."

„Sie verschwinden auf der Stelle. – Carolyn, der Kerl stinkt so stark, ich werde gleich ohnmächtig."

„Ja, ich weiß. Ich rieche es bis hierher."

„O Señorita, ich bin so einsam. Nur ein paar Minuten mit Ihnen. Ein paar Minuten voller Liebe."

„Carolyn, wie, glaubst du, ist dieser Blödmann hier hereingekommen?"

Carolyn begann sauer zu werden. Sie sprang aus dem

Bett und untersuchte die Tür.

„Wahrscheinlich hast du vergessen, abzuschließen, als du aus dem Badezimmer gekommen bist."

„Verdammt."

„Hör zu, ich werde den Hotelbesitzer rufen. Vielleicht kriegt der den Kerl raus."

Der betrunkene Bursche hatte die Hoffnung jedoch immer noch nicht aufgegeben. „Señorita, ich bin so einsam, wollen Sie nicht bitte schlafen mit..."

„Ja, ja, ich weiß schon. – Carolyn, warte eine Sekunde. Ich weiß einen sicheren Weg, den Kerl loszuwerden."

„Okay, laß hören."

„Paß auf!"

Ich wendete mich zu dem Betrunkenen.

„Wie heißen Sie?"

„Manuel, Señorita, Ihr ergebener Diener, wenn sie mich nur lassen..."

„Hör zu, Manuel", unterbrach ich ihn, „ich sag dir was. Jetzt ist es wirklich schon spät, und wir sind sehr müde. Aber wenn du morgen mittag wiederkommst, werde ich dir gerne jeden Wunsch erfüllen."

„O Señorita, ich danke Ihnen. Aber gerade heute nacht fühle ich mich so schrecklich einsam. Ich will doch nur ein paar kurze Augenblicke mit Ihnen..."

„Manuel, hör zu. Ich bin jetzt wirklich müde. Ich hab die ganze letzte Nacht nicht geschlafen. Du mußt schon bis morgen warten. Komm mittags her, und wir machen alles, was dir Spaß macht."

„Morgen, Señorita?"

Langsam schien er zu begreifen.

„Ja, morgen, am Mittag."

„Mittags?" wiederholte er ganz langsam.

Ich kletterte aus dem Bett, half ihm auf die Beine und schob ihn sanft in Richtung Tür.

Er konnte kaum gehen.

„Ja, morgen, um 12 Uhr. Nicht jetzt."

„Ich würde es vorziehen, es jetzt zu tun, Señorita."

„Morgen Manuel. Auf keinen Fall jetzt. Ich bin zu müde."

„Gut, in Ordnung. Morgen mittag?"

„Ja, mittags. Nicht früher. Ich brauche meinen Schlaf."

Ich manövrierte ihn zur Tür und gab ihm einen letzten Stoß, um ihn über die Türschwelle zu kriegen.

„Gute Nacht, Manuel. Hasta mañana."

„Gute Nacht, Señorita. Ich werde morgen mittag wieder hier sein."

„Tu das!"

Ich schlug die Tür zu und verschloß sie gleichzeitig. Wir hörten, wie Manuel draußen in der Dunkelheit davonstolperte.

Früh am nächsten Morgen verschwanden wir aus der Stadt, und mittags waren wir schon jenseits der Grenze, in Peru...

Allgemeine Infos und ein paar Tricks

Ehe du dich auf die Reise machst, mußt du noch über ein paar Dinge Bescheid wissen, die dir das Leben unterwegs erleichtern.

Post

Wenn man für längere Zeit in fremden Ländern herumreist, freut man sich besonders über einen Brief von zu Hause, auch wenn er noch so lange unterwegs ist. Da man auf Reisen schließlich in der Regel keine feste Adresse hat, muß man wissen, daß man sich die Privatpost fast überallhin postlagernd schicken lassen kann. Sie muß nur den Vermerk „Poste restante" oder „Lista de Correos" (Spanisch) oder „General Delivery" tragen, und du bekommst sie im jeweiligen Hauptpostamt.

Du kannst ja zu Hause eine Liste der wichtigsten Städte, die du auf jeden Fall ansteuerst, hinterlassen. Eventuell kann man die Post auch an die jeweiligen deutschen Auslandsvertretungen schicken lassen.

Auf dem postlagernden Brief soll dein Nachname in Großbuchstaben geschrieben sein. In schwierigen Fällen erlaubt dir der Angestellte vielleicht, selbst die lagernden Sendungen durchzusehen. Bei der Abholung mußt du dich natürlich ausweisen können. Eine Poststation, die praktisch auch jeder kleinere Ort hat, ist zusätzlich ein idealer Treffpunkt, an dem man sich mit Freunden verabreden kann.

Baden und Waschen

Gelegentlich wirst du auch das Verlangen nach einem Bad verspüren, besonders wenn du trampst. Duschen gibt es auf einigen Bahnhöfen und in vielen Autobahn-Rasthäusern. Flüsse sind aber manchmal noch empfehlenswerter.

Oft habe ich meine Reise unterbrochen, um in einem sauberen Fluß zu schwimmen, oder ich habe mir in einer Autowerkstatt einen Reifen geborgt und mich auf ihm den Fluß hinuntertreiben lassen. Per Autostopp bin ich dann wieder zu meinen Kleidern zurückgekehrt. Fast überall bekommt man in Restaurants oder sogar in Privathäusern Wasser zum Waschen und man darf auch die Toilette benützen. In abgelegenen Gegenden kann es dir auch mal passieren, daß man auf den nächsten Busch zeigt, wenn du nach der Toilette fragst.

Auch die Kleidung ist eigentlich schnell gesäubert oder gewaschen. Man wird ja unterwegs manchmal richtig faul. Freunde von mir stecken ihre Wäsche in einen Behälter mit Seifenwasser und binden ihn fest an den Auspuff des Autos. Das Ganze arbeitet dann auf holprigen Straßen wie eine Waschmaschine. Oft helfen auch die Frauen in kleinen Dörfern oder Städten bei der Wäsche. Für ein paar Pfennig nehmen sie dir die Arbeit ab. Im Hotel ist das schon viel teurer.

Touristen-Informationen

Fast überall bekommt man an Ort und Stelle genügend Auskünfte über Land und Leute. Die Reisebüros in den größeren Städten bieten Landkarten und Faltpläne an und haben meist gutinformierte Angestellte. Da erfährt man vieles über Bus-Routen, Flugverbindungen, Öffnungszeiten von Banken, preiswerte Hotels und Restaurants, und man kann fragen, welche Museen keinen Eintritt verlangen, wo man ein Surfbrett mieten kann und so weiter. Manchmal sind die besten Informationsschriften irgendwo ganz hinten versteckt, und du mußt sie extra verlangen. Eine gute Informationsquelle sind auch andere Reisende oder dort lebende Ausländer. Am besten fährst du aber, wenn du dich an die Einheimischen wendest. Fast immer sind sie ganz ausgezeichnete Fremdenführer und erzählen dir (fast) alles über Land und Leute, ohne Geld dafür zu verlangen.
Anregungen für Besichtigungen bekommt man auch von Ansichtskarten oder durch einen Blick in die

einheimischen religiösen Kalender, in denen zum Beispiel die großen, interessanten Feste verzeichnet sind. Irgendein Heiliger hat immer irgendwo seinen großen Tag oder sein Fest.

Wichtige Informationen schreibst du am besten in dein Notizbuch. Gute Erfahrungen habe ich auch mit den verschiedenen Clubs in aller Welt gemacht. Man sollte keine Scheu haben, sie aufzusuchen. In Argentinien freuten sich die Mitglieder eines lokalen Bergsteiger-Clubs, mich mit in die Anden nehmen zu dürfen. In Thailand fand ich Anschluß bei einem Taucher-Club; und so könnte ich noch viele Beispiele aufzählen.

Fotoapparate

Um ihre Abenteuer auch im Bild festhalten zu können, nehmen viele Leute einen Fotoapparat mit auf die Reise. Da ich auf diesem Gebiet kein Fachmann bin, habe ich mir ein paar Tips von einem Experten geben lassen.

Eine teure Kamera sollte man vor der Reise bei den Zollbehörden registrieren lassen, um keine Schwierigkeiten bei der Heimkehr zu bekommen. Achte bei der heute mit Strahlengeräten üblichen Untersuchung auf Flughäfen darauf, daß Apparat und Filme nicht beschädigt werden. Schwarzweiß-Filme werden im Ausland meistens gut entwickelt, Farbfilme solltest du besser nach Hause schicken. Wenn du nicht zuerst nach Japan, Hongkong oder Singapur reist, wo Filme sehr billig sind, nimm viele Filme mit, denn in den anderen Ländern sind sie ziemlich teuer.

Daß du in Feuchtgebieten und in Gegenden mit extrem kaltem Wetter besonders auf die Ausrüstung achten mußt, ist wohl klar. Fotografiere bitte keine Einheimischen, wenn sie nicht wollen. Andernfalls könntest du große Probleme bekommen.

Straßenhändler

Eine echte Belästigung sind auf Reisen oft die unzähligen Händler und Geschäftemacher, die man überall auf der Welt trifft. Es sind gewöhnlich junge Burschen – manchmal geben sie sich auch als Studenten aus –, die alles verkaufen wollen, von Souvenirs über Führungen bis hin zu ihrer „Schwester". Wenn du nichts kaufen willst, mußt du sie einfach ignorieren. Irgendwann merken sie dann, daß bei dir nichts zu holen ist.

In der Folge können diese Burschen sehr hilfreich sein. So lernte ich in Marokko einige kennen, die fünf Sprachen beherrschten und sich in allen nur denkbaren Tricks auskannten. Wenn man zu ihnen Vertrauen hat, geben sie einem auch gute Tips, und man erfährt zum Beispiel wo man bestimmte Dinge günstig kaufen kann und vieles mehr. Sie sind wirklich mit allen Wassern gewaschen. Aber sie klettern für dich auch auf eine Palme und holen dir Nüsse herunter, oder sie fangen dir die Fische für ein köstliches Essen. Aber gib den Burschen kein Trinkgeld, das höher ist als der Wochenverdienst ihrer Väter.

Bettler

Zwischen den Bettlern und den Straßenhändlern liegen
Welten. Bettler brauchen das Geld wirklich dringend.
Allen kannst du nicht helfen, und ihnen Geld zu geben,
ist nur eine kurzfristige Lösung für ein Langzeitpro-
blem. Es ist traurig, festzustellen, daß viele Reisende
meinen, sie müßten hart gegen sich selbst sein, wenn sie
mit echter Armut konfrontiert werden. Ich meine, man
sollte sich eine vernünftige Wohlfahrtseinrichtung
suchen und dort reichlich geben.

Das bedeutet natürlich nicht, daß du stur in elenden
Straßen an alten oder verkrüppelten Menschen vorbei-
gehen und vorbeischauen sollst. Die brauchen oft wirklich schnelle Hilfe, und da helfen schon ganz geringe
Beträge. Aber – und das ist oft der schlimmste Aspekt

dieser Angelegenheit – gib Kindern möglichst kein Geld! Wenn du ihnen Geld gibst, ermutigst du die Eltern höchstens, ihre Kinder noch stärker zum Betteln anzuhalten. Es kommt sogar vor, daß Kinder absichtlich verstümmelt werden, damit sie noch mitleiderregender aussehen.

Zivilisations-Schock

Eigentlich hast du ja im Ausland nichts zu befürchten. Die Zivilisation hat sich fast schon überallhin durchgefressen, und du findest fast an jeder Ecke so vertraute Dinge wie „Frankforter Wurstl" oder gar einen McDonald's. Einen Zivilisationsschock erleidest du nur dann, wenn du zu schnell reist. Sich an fremde Sitten und Gebräuche zu gewöhnen, ist etwa so wie das Erlernen der Mathematik: Wenn du am Anfang zu rasch vorgehst, begreifst du es nie.

Neue Erfahrungen stürmen unterwegs so schnell auf dich ein, daß du gar nicht alles aufnehmen und verarbeiten kannst. Die Lösung: ein paar Mark ausgeben, eine Bleibe am Strand mieten, und wieder zu sich selbst finden.

Einen echten Zivilisationsschock erleidest du vielmehr dann, wenn du wieder in deine Heimat zurückkehrst. Irgendwie fühlst du dich plötzlich gar nicht mehr so wohl in deiner Haut. In der dir einst so vertrauten Welt kommst du dir fast vor wie ein Fremder. Als ich nach fünf Jahren voller Aufregung und Abenteuer nach Hause kam, um mein Studium zu beenden, fiel mir alles sehr schwer, obwohl ich mich monatelang geistig darauf vorbereitet hatte. Nach Jahren mit vielen Situationen auf Leben und Tod im Dschungel oder in den Bergen, dachte ich, ich könnte auch leicht mit Waschautomaten und Schulklassen fertig werden. Falsch! Als mein Wasserbett zum drittenmal auslief, brach ich in Tränen aus. Es ist schwer, sich wieder einzufügen und einzuordnen. Sei darauf vorbereitet, dann trifft es dich nicht gar so hart. Ansonsten, alles geht vorbei...

Globetrotter-Spezial: Korallenriffe

Für mich gibt es nichts Schöneres als ein Korallenriff. Kein anderes Naturphänomen weist so wundervolle Farben und eine derart erstaunliche Vielfalt von Leben auf. Solche Riffe findet man überall in den Tropen. Am schönsten sind sie allerdings im flachen Wasser zu sehen, wo die Wärme und das Spiel des Lichts das Tauchen zu einem phantastischen Traum machen.

Oft habe ich einen ganzen Tag an einem einzigen Korallenriff verbracht, denn die interessantesten Lebensformen sind oft gut versteckt, und man braucht viel Zeit, um sie zu entdecken. Manche dieser Lebewesen sind ganz leicht zu beobachten: Seefedern, Papageienfische, Seesterne, Engelfische und Seeanemonen. Bei anderen muß man schon genau hinschauen, nämlich bei Hummern, Seegurken, Riesenmuscheln und Austern. Es ist der Mühe wert, sich vor und nach dem Tauchen noch zusätzlich in einem guten Buch zu informieren.

Herrlich ist es auch, nachts zu tauchen. Neben Maske und Schnorchel braucht man nur eine wasserdichte Lampe. Einige wunderschöne Fische sind nur nachts unterwegs. Aber auch ohne Lampe kann man einfach nur so durch das schimmernde Wasser schwimmen und eine phantastische Märchenwelt genießen.

Obwohl keiner dieser Fische in den Korallenriffen angriffslustig oder gefährlich ist, mußt du aufpassen, wohin du mit deinen Händen und Füßen gerätst. Manche dieser Wesen mögen es gar nicht, wenn man sie in ihrer Behausung stört, und sie jagen dir dann zumindest einen argen Schrecken ein.

Viel gefährlicher sind die Schnittwunden, die man sich an den Korallenriffen zuziehen kann. Sie sind sehr schmerzhaft und brauchen einige Tage, bis sie abheilen. Hüte dich vor Seeanemonen, Seeigeln und vor allem vor dem Steinfisch. Er hat in seinen Rückenflossen ein ziemlich starkes Gift, das auch Erwachsene töten kann. Steinfische greifen niemals an, aber man kann sie manchmal mit Felsen verwechseln, die sie als Tarnung benützen. Seeschlangen sind ganz besonders giftig. Aber man trifft sie sehr selten, und sie sind obendrein sehr scheu. Viele dieser Lebewesen in den Korallenriffen sind genießbar. Eine Faustregel sagt, daß gerade die weniger auffällig und schön gefärbten Fische am besten schmecken. Sie mit dem Speer zu erlegen, ist ganz leicht; man braucht nur wenig Erfahrung dazu.

Zum Schluß eine ernsthafte Bitte: Nimm keine Muscheln mit. Laß sie, wo sie sind. Sicher, sie sind schön, und man schätzt sie als Dekorationsstücke, aber sie sind ein wichtiger Teil des ökologischen Systems der Korallenriffe. Sie wegzunehmen, bedeutet den Kreislauf zu stören, etwa so, als ob man in einem Wald zu viele Bäume fällt. Es ist schon was dran an dem Spruch: „Nimm dir nur ein Bild davon mit, hinterlasse nur Fußspuren!" Als Schwimmer und Taucher kann man sogar die Fußabdrücke vermeiden.

Der Sonne entgegen

Oder: Nach mir die Sintflut

Nichts kann einem auf Reisen so zu schaffen machen wie das Wetter. Es ist leicht, sich an Hitze, Kälte oder große Höhen zu gewöhnen, aber jeden Tag durchnäßt zu werden, jeden Tag durch pausenlosen Regen zu trampen, das macht einen wirklich fertig, glaub mir. Ein tropisches Gewitter ist bestimmt ein imponierendes Naturereignis, aber die ganze Schönheit verschwindet nach den ersten paar Tagen mit ununterbrochenem Regen schnell. Du bist ewig durchnäßt, und deine Sachen scheinen überhaupt nie mehr trocken zu werden. Speziell beim Campen geht einem die Regenzeit voll auf die Nerven.

In vielen Tropengebieten kommt der Regen mit solcher Pünktlichkeit, daß man die Uhr danach stellen kann. Auf dem Zentral-Plateau von Costa Rica beginnt jeder Tag zwischen Mai und Dezember mit klarem Himmel. Gegen Mittag bilden sich die ersten Wolken, und um etwa 14 Uhr ist es dann soweit: es beginnt zu gießen. Das Ganze dauert zwei Stunden, mit einer Abweichung von fünf oder sechs Sekunden, und innerhalb von Minuten ist der Himmel wieder vollkommen klar. Aber wegen so einer Regenzeit geht ja die Welt noch nicht gleich unter. Du gehst einfach um 13.59 Uhr in ein Café, bestellst einen Kaffee, lehnst dich zurück und genießt das Schauspiel.

Natürlich trifft der Regen nicht immer und überall so pünktlich ein. So mußt du während der Regentage auch schon mal durch Matsch waten und dich am Feuer trocknen. Fast alle Abenteuer-Reisenden ziehen es vor, nach der Regenzeit unterwegs zu sein, wenn alles grün ist und der ganze Schmutz und Staub, der sich in den trockenen Monaten angesammelt hat, weggewaschen wurde.

Deshalb wirst du vielleicht die beigefügte Klimatabelle (S. 214) zu schätzen wissen. Sie ist ganz einfach zu benutzen. Die Städte wurden sorgfältig ausgesucht, und zwar nicht nach Größe und Bedeutung, sondern vielmehr unter dem Gesichtspunkt, eine repräsentative Übersicht über die Klimazonen zu geben.

Wenn du mit der Tabelle vertraut bist, kannst du deine vorläufige Reiseroute planen. Hier ein Beispiel: eine Reise über ein Jahr durch Nordafrika und Asien bis nach Australien.

Nehmen wir an, du startest im September – nach der schlimmsten Sommerhitze – in Marokko. Nachdem du dort einen Monat verbracht hast, trampst du durch die Sahara. Im Dezember kommst du in Kairo an und bist damit dem heißen Sahara-Sommer (40 Grad!) entgangen. Dann reist du den Nil hinauf und bist im Januar in Nairobi. Es ist ein trockener Monat und die beste Zeit, um auf den Kilimandscharo zu klettern. Nach einigen Monaten in Ostafrika brichst du im März nach Nepal auf, wo der Rhododendron in voller Blüte steht. Katmandu ist so interessant, daß man zwar gerne noch länger bleiben würde, aber der Aprilregen treibt dich vielleicht nach Südostasien, einen Monat bevor der Monsun dort anzukommen pflegt. Du trampst durch Nord-Thailand und die malayische Halbinsel. Wenn da der große Regen einsetzt, wechselst du nach Sumatra hinüber. Hier hat die schöne, trockene Saison gerade begonnen, und die Straßen sind wieder passierbar. Nach drei angenehmen Monaten in Indonesien entfliehst du dem Ansturm der europäischen Touristen in Bali, indem du ein Schiff nach Australien besteigst. In Darwin endet gerade die Trockenzeit, und wenn du ein paar Monate später in Sydney ankommst, ist dort Frühling.

Klar, du hast vielleicht ganz andere Reisepläne, und du willst auch da und dort kürzer oder länger bleiben. Ich will dir hier nur eine kleine Hilfe geben, mehr einen Denkanstoß, wie man's machen kann.

Einer meiner besten Freunde unternahm den geschilderten Trip 1975/76; und es kostete ihn für zwölf Monate von Tanger nach Darwin 1350 Dollar. Genau diesen Betrag verdiente er sich wieder, als er drei Monate lang in Sydney als Hilfsarbeiter am Bau arbeitete.

Globetrotter-Spezial: Safari

Gemessen an der Tatsache, daß die Nationalparks in Ostafrika vornehmlich für die Touristen eingerichtet wurden, sind sie immer noch ziemlich unverdorben. Sie gehörten zu den Höhepunkten meiner Reise. Ich hatte das Glück, mit meiner Freundin Kay reisen zu können, die früher Fremdenführerin im Amazonas-Gebiet war und jetzt die Verhaltensweisen von Tieren studiert. Ich werde nie unsere Spaziergänge in der Dämmerung vergessen, im Schatten des Kilimandscharo, vorbei an spielenden Affen in den Baumkronen, an grasenden Wasserbüffeln und vorbei an manchem – Gott sei Dank schlafenden – Rhinozeros.

Die besten Möglichkeiten, an einer Safari teilnehmen zu können, bietet zunächst einmal das Thorn Tree Café in Nairobi. Hier treffen sich seit Jahren die großen weißen Jäger; hier hielten sich einst auch Hemingway und andere Größen auf. Das Café verfügt über ein großes Schwarzes Brett, und dort finden sich Zettel wie dieser: „Habe ein Auto gemietet. Suche drei Begleiter für eine Zehn-Tage-Safari. Die Kosten werden geteilt." Trips wie dieser sind nicht allzu kostspielig. Aber Vorsicht: Es ist schwierig und teuer, in Nairobi eine Campingausrüstung aufzutreiben.

Ich empfehle ausdrücklich, ein Zelt mitzunehmen, weil es echten Schutz gegen wilde Tiere bietet. In diesem Fall bin ich mit meiner Philosophie vom „Reisen mit leichtem Gepäck" wirklich baden gegangen. Weil ich immer für das billige Reisen bin, redete ich Kay aus, ein Zelt mitzunehmen. „Da müssen Zäune um die Campingplätze herum sein, verdammt noch mal, schließlich laufen da Löwen rum!" Natürlich gab es dort in den Parks, wie wir nach unserer Ankunft schnell merkten, viele frei herumlaufende Löwen – aber keine Zäune.

Es war in der Serengeti, als ich mitten in der Nacht aufwachte und einer Tüpfelhyäne ins Gesicht blickte. Vom glimmenden Feuer beleuchtet, stand sie nur einen halben Meter von meinen Füßen enfernt. Am Tag hatten wir beobachtet, wie ein Rudel dieser Tiere ein Weißschwanzgnu zur Strecke gebracht hatte, das größer, viel größer als ich gewesen war. Wir hatten auch gelernt, daß Hyänen, weit davon entfernt, feige Aasfresser zu sein, heute als gefährliche nächtliche Jäger erkannt worden sind, die für vieles verantwortlich sind, was man früher den Löwen in die Schuhe geschoben hatte. Sie haben die stärksten Backenknochen aller Landsäugetiere, und gelegentlich – das stand so nebenbei in unserem Reiseführer – beißen sie die Köpfe oder Gliedmaßen ungeschützt im Busch schlafender Träger ab. Ich erinnerte mich noch lebhaft an das Knacken der Hyänen-Kiefer, als sie die mächtigen Hinterbeine des Raubtieres zermalmten, als ob es Küken-Knochen seien.

Das alles ging mir in einer sehr kurzen Zeit durch den Kopf, vielleicht in etwa 30 Sekunden, während die

Hyäne und ich uns gegenseitig anstarrten. Dann wachte Kay auf und erblickte einen Feigling und eine Hyäne. Sie sprang auf und warf ein Stück Holz ins Feuer. Die Hyäne verschwand in Windeseile, und der Feigling legte sich schließlich wieder zum Schlafen hin.

Vor einer Safari sollte man gründlich einschlägige Bücher lesen, um sich über Lebensweise und Verhalten der Tiere Afrikas zu informieren. Erst dann merkst du, wie großartig das ist, was sich dir da bietet. Es sind wilde Tiere, die du hier siehst, herrliche Tiere, sie sind nicht in Käfige eingesperrt, sie sind frei und leben in ihrer ureigensten Umgebung.

Als ich dieses Buch noch einmal durchlas, schien mir, als hätte ich mich zuviel mit Diebstählen und Betrügereien, mit Ärger an den Grenzen und mit anderen Schwierigkeiten befaßt. Ich finde es aber trotz allem wichtig, diese Probleme erst mal zu beschreiben, bevor ich Tips gebe, wie man mit ihnen fertig werden kann.

Denke vor allem auch daran, daß das Reisen abseits der großen Touristenstraßen ganz neue Perspektiven für dich eröffnen wird und dich mit vielen ungewohnten Dingen konfrontieren wird. Und daß solche Reisen nur dann zu einem rundum glücklichen Erlebnis werden, wenn man die grundlegenden Abläufe, die vielen kleinen Dinge meistert. Liegt der Ärger hinter dir, beginnen die guten Zeiten. Aufregende Tage und Wochen, vielleicht Monate und Jahre, liegen vor dir. Ich wünsche dir eine wunderschöne Reise!

Durchschnittstemperaturen (°Celsius)

| Januar | | April | | Juli | | Oktober | | m Höhe | Stadt |
max.	min.	max.	min.	max.	min.	max.	min.	ü.d.M.	
									Nordamerika
1°	−7°	14°	5°	29°	19°	17°	8°	185	1 Chicago, USA
18°	7°	19°	11°	24°	17°	23°	14°	27	2 Los Angeles, USA
4°	−3°	16°	6°	29°	20°	19°	10°	40	3 New York, USA
13°	6°	18°	8°	22°	12°	22°	11°	3	4 San Francisco, USA
−7°	−14°	10°	1°	26°	16°	12°	4°	57	5 Montreal, Kanada
−1°	−9°	10°	1°	26°	15°	13°	4°	116	6 Toronto, Kanada
5°	0°	14°	4°	23°	12°	14°	7°	39	7 Vancouver, Kanada
28°	17°	33°	21°	33°	23°	31°	22°	22	8 Merida, Mexiko
19°	6°	26°	11°	23°	12°	21°	10°	2237	9 Mexiko City, Mexiko
									Mittelamerika
29°	24°	30°	25°	30°	25°	30°	24°	11	10 Cristobal, Panama (Kanalzone)
24°	14°	26°	17°	25°	16°	25°	16°	1146	11 San José, Costa Rica
									Südamerika
30°	17°	22°	12°	14°	6°	21°	10°	27	12 Buenos Aires, Argent.
32°	16°	23°	8°	15°	2°	24°	10°	798	13 Mendoza, Argentinien
14°	5°	9°	1°	4°	−4°	11°	2°	8	14 Ushuaia, Argentinien
17°	6°	18°	4°	17°	1°	19°	4°	3657	15 La Paz, Bolivien
27°	18°	28°	17°	26°	11°	28°	18°	1060	16 Brasilia, Brasilien
31°	24°	31°	24°	32°	24°	33°	24°	44	17 Manaus, Brasilien
29°	23°	27°	21°	24°	17°	25°	19°	61	18 Rio de Janeiro, Brasilien
29°	12°	23°	7°	15°	3°	22°	7°	519	19 Santiago, Chile
19°	9°	19°	11°	18°	10°	19°	10°	2546	20 Bogotá, Kolumbien
29°	23°	31°	24°	31°	26°	31°	25°	12	21 Cartagena, Kolumbien
31°	22°	31°	22°	29°	14°	30°	20°	7	22 Guayaquil, Ecuador
19°	8°	21°	8°	22°	7°	22°	8°	2811	23 Quito, Ecuador
20°	7°	22°	4°	21°	−1°	22°	6°	3322	24 Cuzco, Peru
32°	22°	31°	22°	31°	20°	32°	21°	117	25 Iquitos, Peru
28°	19°	27°	17°	19°	14°	22°	14°	120	26 Lima, Peru
24°	13°	27°	16°	26°	16°	26°	16°	1042	27 Caracas, Venezuela

Quelle: Environmental Data Service, U.S. Dept. of Commerce, Climates of the World (Washington, D.C.: U.S. Government Printing Office, 1969). (Siehe Karten S. 220–222).

Durchschnittliche Niederschlagsmenge in mm

Zeit-zone*	Jan.	Feb.	März	April	Mai	Juni	Juli	Aug.	Sept.	Okt.	Nov.	Dez.	Gesamt jährl.
−6	48	41	69	76	94	104	86	81	69	71	56	48	843
−8	69	74	46	28	3	3	0	0	5	10	28	61	327
−5	84	71	102	86	94	84	94	112	99	79	86	84	1075
−8	102	86	69	33	13	3	0	0	5	18	41	104	474
−5	97	76	89	66	79	86	94	89	94	86	89	91	1036
−5	69	61	66	63	74	69	76	69	74	61	71	66	819
−8	218	148	127	84	71	63	30	43	91	147	210	224	1456
−6	30	23	18	20	81	142	132	142	172	97	33	33	923
−6	5	8	13	18	48	104	114	109	104	41	13	8	585
−5	86	38	38	104	317	353	396	389	323	401	566	297	3308
−6	15	5	20	46	228	241	210	241	305	299	145	41	1796
−3	79	71	109	89	76	61	56	61	79	86	84	99	950
−3	23	30	28	13	10	7	5	7	13	18	18	18	190
−3	51	66	48	53	38	30	30	28	33	41	38	48	504
−4	114	107	66	33	13	8	10	13	28	41	48	94	575
−3	228	198	121	86	36	0	0	0	30	124	246	297	1366
−4	249	231	261	220	170	84	58	38	46	107	142	203	1809
−3	124	121	130	107	79	53	41	43	66	79	104	137	1084
−4	3	3	5	12	64	84	76	56	30	15	8	5	361
−5	58	66	102	147	114	61	51	56	61	160	119	66	361
−5	10	0	10	23	86	86	76	15	13	274	226	114	933
−5	211	290	292	206	53	10	5	0	0	0	3	28	1098
−5	99	112	142	175	137	46	20	30	69	111	97	79	1117
−5	163	150	110	51	15	5	5	10	25	66	76	137	813
−5	231	264	239	345	272	145	163	132	267	185	231	262	2736
−5	3	0	0	0	5	5	8	8	8	3	3	0	43
−4	23	10	15	33	79	101	109	109	107	109	94	46	835

* Angaben in Std. vor (−) oder nach (+) Greenwich-Zeit (= WEZ, Westeuropäische Zeit)

Durchschnittstemperaturen (°Celsius)

Januar		April		Juli		Oktober		m Höhe	Stadt
max.	min.	max.	min.	max.	min.	max.	min.	ü. d. M.	
									Europa
2°	−2°	10°	3°	22°	13°	12°	6°	13	**28** Kopenhagen, Dänemark
6°	0°	16°	5°	24°	13°	15°	7°	50	**29** Paris, Frankreich
12°	6°	19°	11°	32°	22°	23°	16°	107	**30** Athen, Griechenland
7°	2°	16°	7°	27°	18°	19°	12°	18	**31** Istanbul, Türkei
7°	2°	13°	4°	23°	13°	14°	7°	45	**32** London, England
−6°	−13°	8°	−1°	24°	13°	8°	1°	154	**33** Moskau, UdSSR
									Afrika
17°	3°	29°	13°	42°	26°	31°	16°	381	**34** El Golea, Algerien
28°	23°	29°	24°	23°	18°	26°	22°	59	**35** Luanda, Angola
31°	21°	33°	22°	28°	17°	32°	21°	318	**36** Brazzaville, Rep. Kongo
24°	6°	25°	10°	21°	10°	24°	7°	2450	**37** Addis Abeba, Äthiopien
31°	23°	31°	24°	27°	23°	29°	23°	27	**38** Accra, Ghana
31°	24°	30°	24°	27°	22°	29°	23°	16	**39** Mombassa, Kenia
25°	12°	24°	14°	21°	11°	24°	13°	1819	**40** Nairobi, Kenia
16°	8°	22°	14°	29°	22°	27°	18°	22	**41** Tripoli, Libyen
18°	4°	26°	11°	38°	19°	28°	14°	460	**42** Marrakesch, Marokko
16°	8°	18°	11°	27°	18°	22°	15°	73	**43** Tanger, Marokko
31°	23°	32°	25°	28°	23°	29°	23°	3	**44** Lagos, Nigeria
26°	18°	27°	18°	31°	24°	32°	24°	40	**45** Dakar, Senegal
26°	16°	22°	12°	17°	7°	21°	11°	17	**46** Kapstadt, Südafrika
27°	21°	25°	18°	22°	11°	24°	17°	5	**47** Durban, Südafrika
32°	15°	41°	22°	38°	25°	40°	24°	387	**48** Khartum, Sudan
28°	25°	30°	23°	28°	19°	29°	21°	14	**49** Daressalam, Tansania
18°	8°	28°	14°	36°	21°	30°	18°	116	**50** Kairo, Ägypten
26°	17°	26°	15°	23°	9°	31°	18°	1277	**51** Lusaka, Sambia
									Asien
18°	13°	24°	19°	31°	26°	27°	23°	33	**52** Hongkong
8°	−2°	17°	8°	28°	21°	21°	13°	6	**53** Tokio, Japan
0°	−9°	17°	5°	29°	21°	19°	7°	10	**54** Seoul, Südkorea
19°	12°	25°	18°	33°	24°	27°	20°	7	**55** Taipeh, Taiwan

Durchschnittliche Niederschlagsmenge in mm

Zeit-zone*	Jan.	Feb.	März	April	Mai	Juni	Juli	Aug.	Sept.	Okt.	Nov.	Dez.	Gesamt jährl.
+1	41	33	30	43	43	53	56	81	48	53	56	53	590
+1	36	33	38	43	51	53	53	51	51	56	51	48	564
+2	56	41	36	20	20	15	5	10	15	43	71	71	403
+2	94	58	66	48	36	33	43	38	58	96	104	124	798
0	51	38	36	46	46	41	51	56	46	58	63	51	619
+2	38	36	28	48	56	74	76	74	48	68	43	41	630
0	3	8	13	0	0	0	0	0	0	8	10	8	50
+1	25	36	76	117	13	0	0	0	3	5	28	20	323
+1	160	124	188	178	109	15	0	0	56	137	292	213	1472
+3	13	38	66	86	86	137	281	299	190	20	15	5	1236
0	15	33	56	81	142	178	46	13	36	63	36	23	722
+3	25	15	63	193	320	119	89	63	63	86	96	61	905
+3	38	63	124	211	157	45	15	23	30	53	110	86	955
+2	81	46	28	10	5	3	0	0	10	41	66	94	384
0	25	28	33	30	15	8	3	3	10	23	30	30	238
0	114	107	122	89	43	15	0	0	23	99	147	137	896
+1	28	46	102	150	269	460	279	63	140	206	68	25	1836
0	0	0	0	0	0	18	89	254	132	38	3	8	542
+2	15	8	18	48	79	84	89	66	43	30	18	10	508
+2	109	122	129	76	51	33	28	38	71	109	122	119	1007
+2	0	0	0	0	3	8	53	71	18	5	0	0	158
+3	66	66	129	290	188	33	30	25	30	40	74	91	1062
+2	5	5	5	3	0	0	0	0	0	0	3	5	26
+2	231	190	142	17	3	0	0	0	0	10	91	150	834
+8	33	46	74	137	295	394	381	360	256	114	43	30	2163
+9	48	74	107	135	147	165	142	152	234	208	96	56	1564
+9	30	20	38	76	81	129	376	267	119	41	46	25	1248
+8	96	135	109	135	175	223	223	221	210	140	107	74	1848

* Angaben in Std. vor (−) oder nach (+) Greenwich-Zeit (= WEZ, Westeuropäische Zeit)

Durchschnittstemperaturen (°Celsius)

Januar		April		Juli		Oktober		m Höhe		Stadt
max.	min.	max.	min.	max.	min.	max.	min.	ü. d. M.		
										Asien (Fortsetzung)
28°	13°	38°	25°	34°	25°	32°	23°	77	**56**	Mandalay, Birma
29°	23°	30°	24°	30°	23°	30°	23°	8	**57**	Djakarta, Indonesien
30°	23°	32°	24°	32°	23°	32°	24°	4	**58**	Pontianak, Indonesien
28°	14°	35°	23°	32°	24°	31°	22°	170	**59**	Vientiane, Laos
30°	23°	31°	24°	31°	24°	30°	23°	10	**60**	Singapur
30°	20°	34°	23°	31°	24°	31°	23°	15	**61**	Manila, Philippinen
32°	19°	35°	25°	32°	24°	31°	24°	16	**62**	Bangkok, Thailand
2°	−8°	19°	6°	33°	16°	23°	5°	1814	**63**	Kabul, Afghanistan
31°	17°	34°	23°	31°	24°	34°	17°	8	**64**	Bombay, Indien
27°	13°	36°	24°	32°	26°	32°	23°	6	**65**	Kalkutta, Indien
29°	19°	35°	25°	35°	26°	32°	24°	15	**66**	Madras, Indien
22°	6°	36°	20°	35°	27°	34°	18°	212	**67**	Neu Delhi, Indien
7°	−3°	22°	9°	37°	22°	24°	12°	1200	**68**	Teheran, Iran
15°	4°	29°	14°	43°	24°	33°	16°	34	**69**	Bagdad, Irak
13°	5°	23°	10°	30°	17°	27°	15°	807	**70**	Jerusalem, Israel
18°	2°	29°	12°	29°	20°	27°	13°	1347	**71**	Katmandu, Nepal
25°	13°	32°	23°	33°	27°	33°	22°	4	**72**	Karatschi, Pakistan
30°	22°	31°	24°	29°	25°	29°	24°	7	**73**	Colombo, Sri Lanka
4°	−4°	17°	4°	30°	15°	20°	9°	860	**74**	Ankara, Türkei
										Pazifik
36°	21°	27°	12°	19°	4°	31°	14°	545	**75**	Alice Springs, Austral.
29°	20°	26°	16°	20°	9°	27°	15°	5	**76**	Brisbane, Australien
25°	14°	20°	10°	13°	5°	19°	9°	35	**77**	Melbourne, Australien
29°	17°	24°	14°	17°	9°	21°	12°	19	**78**	Perth, Australien
32°	25°	33°	24°	30°	19°	34°	25°	32	**79**	Darwin, Australien
23°	15°	19°	13°	13°	8°	17°	11°	7	**80**	Auckland, Neuseeland
21°	12°	17°	7°	10°	2°	17°	7°	36	**81**	Christchurch, Neusel.
30°	24°	30°	24°	28°	23°	29°	24°	9	**82**	Pago Pago, Samoa
30°	23°	29°	23°	26°	20°	27°	21°	6	**83**	Suva, Fidschi-Inseln
32°	22°	32°	22°	30°	20°	30°	21°	2	**84**	Tahiti, Gesellsch.-Inseln

Durchschnittliche Niederschlagsmenge in mm

Zeitzone*	Jan.	Feb.	März	April	Mai	Juni	Juli	Aug.	Sept.	Okt.	Nov.	Dez.	Gesamt jährl.
+6,5	3	3	5	30	147	160	68	104	137	109	51	10	827
+7	300	300	210	147	114	96	63	43	66	112	142	203	1796
+8	274	208	241	277	282	221	165	203	229	366	389	322	3177
+7	5	15	38	99	267	302	267	292	302	109	15	3	1714
+7,5	251	173	193	187	173	173	170	195	178	208	254	279	2434
+8	23	13	18	33	129	254	432	421	356	193	145	66	2083
+7	5	28	28	58	132	152	175	234	356	251	46	3	1468
+4,5	33	38	91	84	23	5	3	3	0	10	15	15	320
+5,5	3	3	3	0	18	485	617	340	264	63	13	3	2132
+5,5	10	30	35	43	140	297	325	251	114	20	5	5	1275
+5,5	36	10	8	15	25	48	91	117	119	305	356	140	1270
+5,5	23	18	13	8	13	74	180	172	117	10	3	10	641
+3,5	46	38	46	36	13	3	3	3	3	8	20	30	249
+3	23	25	28	13	3	0	0	0	0	3	20	25	140
+2	130	119	74	23	3	0	0	0	0	8	56	89	502
+5,5	15	40	23	58	122	246	373	345	155	38	8	3	1426
+5	13	10	8	3	3	18	81	40	13	3	3	5	200
+5,5	89	68	147	231	371	223	135	107	160	348	315	147	2341
+2	33	30	33	33	48	25	13	10	18	23	30	48	344
+9,5	43	33	28	10	15	13	8	8	8	18	30	38	252
+10	162	160	145	94	71	66	56	48	48	63	94	127	1134
+10	48	46	56	58	53	53	48	48	58	66	58	58	650
+8	8	10	20	43	130	180	170	144	86	56	20	13	880
+9,5	386	312	254	96	15	3	0	3	13	51	119	239	1491
+12	79	94	81	96	127	137	145	102	102	102	89	99	1253
+12	56	43	48	48	66	66	68	48	46	43	48	56	636
−11	622	521	488	419	391	312	254	208	332	378	488	503	4916
+12	289	272	368	310	256	170	124	210	195	210	249	317	2970
−10	335	292	165	172	124	81	66	48	58	86	165	302	1894

* Angaben in Std. vor (−) oder nach (+) Greenwich-Zeit (= WEZ, Westeuropäische Zeit)

Landkarten

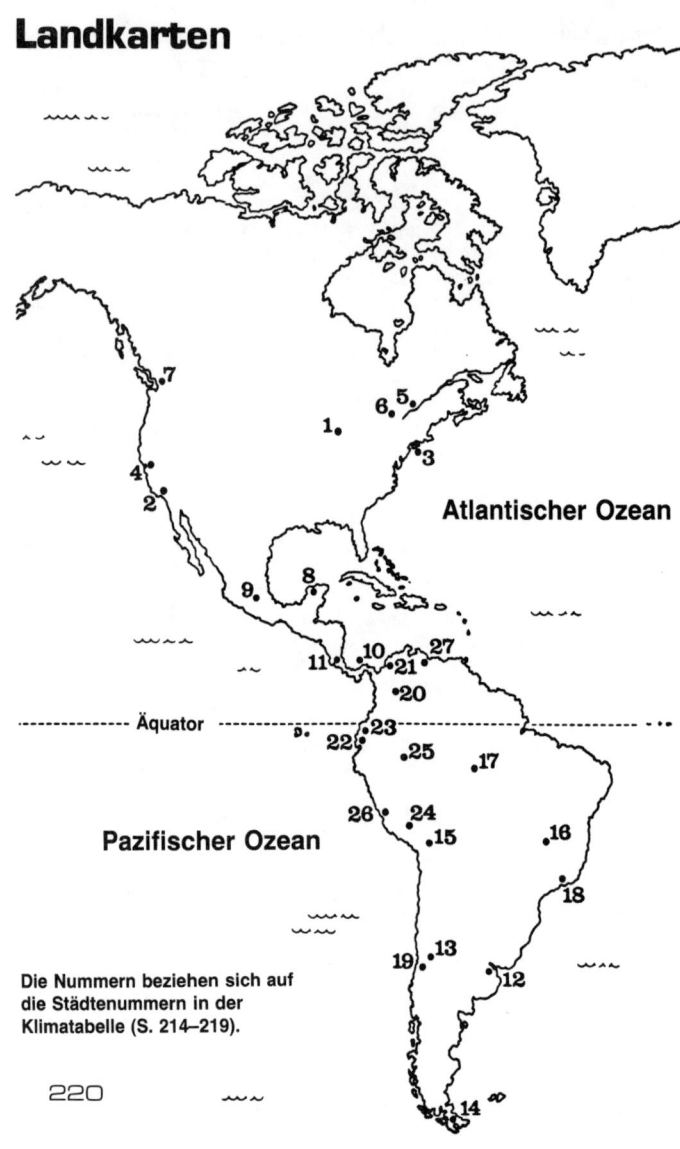

Atlantischer Ozean

-------------- Äquator --

Pazifischer Ozean

Die Nummern beziehen sich auf
die Städtenummern in der
Klimatabelle (S. 214–219).

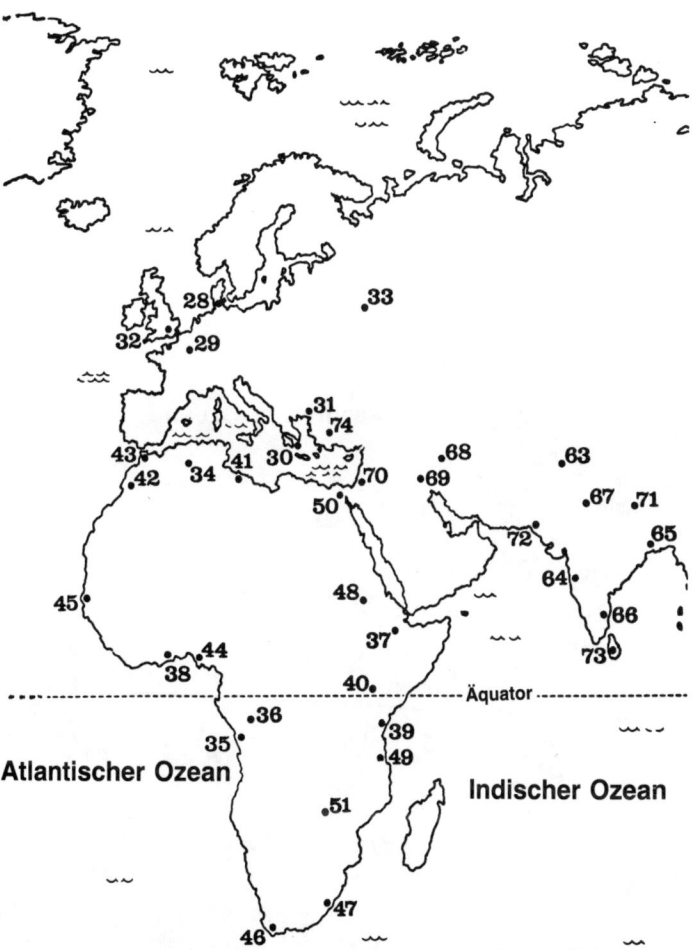

Atlantischer Ozean

Indischer Ozean

Äquator

Die Nummern beziehen sich auf die Städtenummern in der
Klimatabelle (S. 214–219).

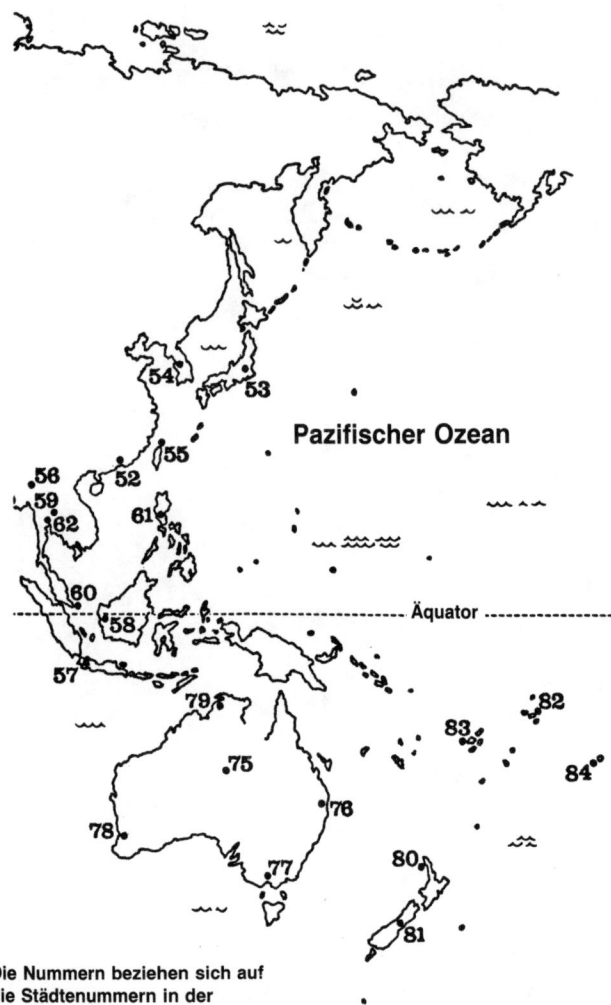

Pazifischer Ozean

54 53

55

56 52

59

82 61

60

58

57 Äquator

79 82

75 83

76 84

78

77 80

81

Die Nummern beziehen sich auf
die Städtenummern in der
Klimatabelle (S. 214–219).

Impfkalender für Fernreisen

	Cholera	Malaria Vorsorge	Gelbfieber		Cholera	Malaria Vorsorge	Gelbfieber
Afrika				**Asien**			
Nordafrika	−	O	⊙	Kleinasien	−	O	⊙
Libyen	+	O	⊙	Emirate Pers. Golf	⊙	O	⊙
Tropisches Afrika	⊙	O	+	Burma	+	O	⊙
Kenia	−	O	O	China	⊙	O	⊙
Nigeria	+	O	+	Hongkong	−	−	⊙
Südafrika	−	O	⊙	Indien	⊙	O	⊙
Madagaskar	⊙	O	⊙	Indonesien	−	O	⊙
Mauritius	−	O	⊙	Malaysia	−	O	⊙
Seychellen	−	−	−	Malediven	+	O	⊙
Amerika				Nepal	⊙	O	⊙
Karibik	−	−	⊙	Philippinen	−	O	⊙
Haiti	−	O	⊙	Singapur	−	−	⊙
Mittelamerika	−	O	⊙	Sri Lanca (Ceylon)	−	O	⊙
Andenstaaten	−	O	⊙	Thailand	−	O	⊙
Argentinien	−	O	−	**Südsee**			
Brasilien	−	O	⊙[1]	Australien	⊙	−	⊙
Venezuela	−	O	−[1]	Neuseeland	−	−	−
				Fidschi	⊙	−	⊙

1) Bei Reisen in tropische Landesteile empfohlen
⊙ bei Einreise aus infizierten Gebieten vorgeschrieben
+ vorgeschrieben   O empfohlen   − nicht notwendig

Nach Angaben der Welt-Gesundheitsorganisation (WHO) und des Instituts für Infektions- und Tropenmedizin München.   Stand Sept. '81

Weil seit 1977 weltweit keine Pockenerkrankung mehr aufgetreten ist, wird – außer im Tschad und in Kambodscha – von keinem Land der Erde mehr eine Pockenschutz-Impfung verlangt.